ことばの教室でできる

吃音の
グループ学習
実践ガイド

著 石田修・飯村大智

学苑社

はじめに

　ことばの教室の先生から、「グループ学習をはじめたいと思っているが、どのように進めていけばよいかわからない」「吃音理解学習は全員やったほうがよいのか」「グループ学習の実践例を教えてほしい」などの声をよく聞きます。このような現場の先生方の声にお応えし、吃音グループ学習の充実・発展に寄与できればと思い、本書を執筆いたしました。本書は、歴代のさいたま市のことばの教室の先生方、子どもたち、保護者の方々の実践が基盤となっており、その上に立ち筆者が関わって試行錯誤しながら積み上げてきた実践を1冊にまとめたものです。

　これまで個別指導とグループ学習の学びの連続性をもたせた多面的・包括的アプローチにより、吃音問題の軽減だけでなく、ひとりの人間として大きく成長した子どもたちの姿を多くみてきました。たとえば、個別指導で練習した発話技法をグループ学習の場で実践し、先輩のサポートを受けながら「はじめのことば」→「ゲーム説明」→「司会」などへとステップアップし、成功体験を積むことで話すことへの自信をつけていった子どもたちです。そして、自分が先輩の立場になった時に、「ぼくも最初は不安だったけど、やってみると意外と楽しいよ」「サポートするから安心してね」など、仲間同士で支え合いながら困難を乗り越えていきました。また、後輩がチャレンジする姿をみて、先輩も在籍校の学級委員に立候補したり、放送委員でアナウンスをしたりと、お互いに高め合う関係性へと発展していきました。このような子どもたちの成長する姿をみて、次第に保護者の吃音の捉え方にも変化がみられ、我が子だけでなく他の子の成長をも喜ぶ声がグループ学習の感想文に多数寄せられました。

　このような学習を個別指導単独で行うには限界があります。現在グループ学習を行っていないことばの教室も多くあると思いますが、個別指導にグループ学習を組み合わせることで学習の幅が広がり、子どもたちが「わくわく」「わいわい」と楽しめるような多様な学習活動を展開できるようになります。グループ学習で人とのかかわりの場を広げていく中で、自己理解・他者理解・吃音理解が深まり、コミュニケーション力の向上や社会で生きる力の育成にもつながることが期待されます。

　本書は、吃音グループ学習における実践ガイドの作成を目指しました。本書で紹介する研究知見と実践的知見をもとに、学校の実情に応じて本書の内容をアレンジしてご活用いただき、明日からの授業づくりの一助になれば幸いです。

目次

第1章

［基礎］

吃音の心理支援と
グループ学習

① 吃音の基礎

　吃音とは、言いたい言葉はわかっているのにも関わらず、流暢な発話表出に困難さを示す症状を指します。特徴的な症状として、**①はじめの音や音節の繰り返し**（連発）、**②引き伸ばし**（伸発）、**③阻止・ブロック**（難発）があります。他にも非流暢な話し方として、文節や語句の繰り返し（ぼくは、ぼくは）、語の挿入（あの、えーと）、言い直し（ぼくは、ぼくの）、不自然なとぎれや間（ぼく……は）、などもありますが、これらは吃音のない子どもにも見られます。吃音のある子どもは上述した①②③が多く見られるのが特徴であるため、これらは**吃音中核症状**とも呼ばれます。

吃音中核症状

① ことばのはじめの語音を「こ、こ、こんにちは」と数回繰り返す（音・音節の繰り返し、連発）（ぼぼぼく）

② 語音を引き伸ばして言う（引き伸ばし、伸発）（ぼーーく）

③ 体に力が入った状態で語音の開始につまり、ことばが音声として出てこない（阻止・ブロック、難発）（……ぼく［苦しい様子］）

　吃音の成因は発達性吃音と神経原性吃音（後天的な脳疾患などによるもの）に分類されますが、そのほとんどは発達の過程で見られる発達性吃音（前者）であり、2〜5歳頃の幼児期にはじめて出現（**発吃**）します。吃音は一時的な非流暢性を含めて一生涯のうち5〜10％に出現する（**発症率**）といわれていますが、発症して数ヵ月から2〜3年で特別な指導や治療を受けずに症状が消失（**自然治癒**）する場合もあります。そのため、症状が残存している（**有症率**：吃音のある人が人口に占める割合）のは100人に1人程度とされ、**男性に多い**のが特徴です。自然治癒の割合は7〜8割程度といわれ、吃音が自然に良くなる場合も多いため、「このまま様子を見ましょう」と相談機関で助言を受け、適切な指導支援が受けられない場合もあります。似たような発話流暢性の問題として**早口言語症（クラタリング）**もあります。

　吃音の原因は完全には解明されていませんが、単一の原因ではなく、体質的な要因や環境的な要因が複雑に作用する**多要因・多因子的**と考えられています。かつては養育環境、子どもの精神的な脆弱性、利き手の矯正、吃音の真似などに原因が求められたこと

もありましたが、現在では否定されています。

● 吃音の進展

　吃音症状は「繰り返し」から始まることが多く、その後「引き伸ばし」「阻止・ブロック」へと質的・量的に変わっていきます。吃音が進展すると、吃音が出ないように勢いをつけて話そうとしたり、首や頭を動かしたり、体全体に力が入ったりといった症状（**随伴症状**）や、**発話の工夫や場面の回避**が見られるようになります。吃音を隠そうとすることで吃音は一見すると目立ちにくくなりますが、本人の悩みはむしろ大きくなっています。会話を途中でやめたり、ごまかしてしまったりして、友だちと話さなくなったり、話すことの自信を失ってしまったりと、心理的な側面にも影響が出ます（**情緒性反応**）。このように**発話の非流暢性だけが吃音の問題ではない**ということには留意する必要があります。

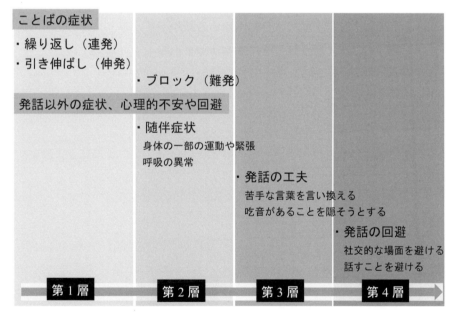

吃音検査法（小澤ら，2016）より著者再編

② 吃音の心理

● 吃音の自覚は就学前から

　多くの吃音のある子どもは就学前でも、それを「吃音」とは知らなくても、言葉のでにくさの自覚があることがわかっています（たとえば Boey et al., 2009）。発吃から間もなくは、言葉のでにくさに悪いイメージは少なく、自分の話したいことを自由に話そうとします。一方で、発吃から時間が経つと、吃音のために話すことをやめることが増えてきます。それは非流暢症状の多さに関係なく起こりえることで、ここでの吃音の問題は「流暢に話せないこと」ではなく、「流暢に話せないのは悪いこと」と認識してしまっていることです。このような認識の背景には、周りからの吃音の指摘やネガティブな反応、からかいなどの否定的な経験の積み重ねがあり、**吃音は悪いものと捉えてしまうことが、吃音の進展に関わる本質であると考えています。**

　学齢期は、このような二次的な吃音が出始める時期です。クラスでの出席の返事や授業での音読など、多くの人の前で話す場面が増えていきます。学校などの活動の中で、クラスメイトや友だちがスラスラと話している姿を多く見ることにもなります。その中で、自分だけどうして話せないのか、スラスラと答えられないのかという思いが増大し、話せないことに起因する心理的な悩みや予期不安が大きくなります。子どものこのような心理的心情に寄り添い、子どもにとって良好なコミュニケーション環境を整え、二次的吃音の予防と悪化を防ぐことが学齢期の指導では大切になってきます。

● 吃音の心理を説明する理論

　吃音の心理的な問題を説明する理論を 2 つ紹介します。

　1 つは、**吃音を海に浮かぶ氷山**に例える考え方です。外からわかる吃音症状は氷山の一角であり、吃音の問題を構成する一部に過ぎません。実は海面下で見えない心理的な部分が、吃音の大きな問題となっています。吃音が起きそうな場面で、またどもってしまうのではないかと**予期不安**を感じること、吃音を回避するための苦手な言葉を言い換えたり、話す場面を避けること（回避）、これらに伴う吃音を嫌だと思う感情的部分などがあげられます。これらは学齢や青年期以降に特に顕著になり、氷山の下が大きくなっていきます。コミュニケーションが上手くできないと感じることで、自身の「でき

る」と思う自己効力感も低下し、吃音を「悪いもの」「隠すもの」と認識を強めていきます。それにより、授業での音読や発表などが難しくなり、学習意欲の低下や学業不振にもつながり、ひいては将来の職業選択にも影響が出ます。外から見える吃音症状や行動の背景には、このような心理的問題が隠れています。

[表に見える部分]
吃音症状
[隠れている部分]
恐れ、恥ずかしさ、罪の意識、不安、絶望、孤立、自己否定など

氷山理論（Sheehan, 1970）

　もう1つは、吃音の問題を**3つの側面から構成される立体**で表す考え方です。生物－心理－社会モデルとして、吃音の問題は**「吃音の症状」「吃音に対する自分の反応」「吃音に対する周囲の反応」**の3要素から作られる立体の大きさで表せます。

　吃音には様々な側面があります。吃音症状だけが吃音の問題を形成するのではなく、吃音に対して自分と周囲（環境）がどのように認識し、反応しているのかも重要な側面です。吃音症状は軽度でも、本人が非常に悩んでいたり、不安が強い場合や、周りから変な目で見られたり、からかいがある場合には吃音の問題は決して小さくはありません。一方で、吃音症状は決して軽くないものの、本人はあまり気にせずに楽しく過ごせている場合や、吃音が出ても周囲が待ってくれたり自然に接してくれたりと周囲の理解がある環境があれば、吃音の問題は小さくなるでしょう。吃音症状の即時的な軽減は難しいかもしれませんが、周囲の対応や環境（合理的配慮なども含む）はすぐにでも変えることができます。吃音のある子どもの吃音症状にとらわれずに、その子ども全体を見られることが、学校生活や、卒業後を考える際にも大切です。吃音の立体のモデルは実際の臨床でも使うことができ、それぞれの問題の大きさを数値化することで、現時点での評価やその変化も表せます。

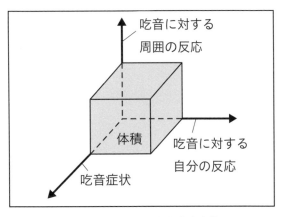

吃音の問題の大きさを表す立体
（Johnson & Moeller, 1967）

このように吃音の問題は、吃音症状が学校生活上の支障になることだけでなく、感情・情緒・社交・認知など多次元的な心理的要素を含めた問題によって、学校の内外での活動を妨げるものとなります。**本人の「知られたくない」と思う気持ち**にも寄り添いながら、心理面のフォローを含めた支援が大切です。

COLUMN

不便だからこそ？　不便益

「不便益」という言葉があります。不便の益（benefit of inconvenience）、すなわち不便だからこそ得られる効用のあるデザインやシステムなどのことです（川上，2011）。普段は自転車で通る道を歩いて向かうと、目的地に着くまでの時間はいつも以上にかかります。しかし、歩く過程でお洒落な雑貨屋さんを見つけたり、知らない小径を発見したりと、色々な気づきがあるかもしれません。目的地に早く着くためには徒歩は不便ですが、それによって得られる益もあるということです。

吃音でことばが出ないことは、「話に時間がかかって周りを待たせてしまう」「変な話し方だと言われる」と否定的に捉えがちです。しかし、周りを待たせてしまうのは、どんなことを話すんだろう？と聞き手の想像力を豊かにできたり、聞き手が話を遮らない練習になったりと、聞き手のリテラシーを高めてくれるかもしれません。ことばに詰まる話し方でも、内容が充実していればつい聞き入ってしまうことを考えると、ことばをスラスラと話せることだけが益ではないのではと考えさせられます。戦場カメラマンの渡部陽一さんの柔らかな言葉遣いは、速く話せればよいのではなく、ことばを待たせる間があることが、ことばに重みや説得力をもたせていると思います。

③ 将来を見据えた学齢期吃音の指導

　学齢期吃音の指導の心理面のねらいとして、長期的に活かせるという視点から次の 4 つにまとめました。

> - 吃音を周囲に伝えられる
> - 吃音で困った時に助けを求められる
> - 自己理解を深められる
> - 二次的な問題に発展させない

● 吃音を周囲に伝えられる

　年齢が上がると吃音を隠したいという思いが大きくなっていきます。吃音を周りに隠そうとする結果、無口な人なんだと誤解されたり、困り感が伝わらずに周囲からの十分な理解や配慮がもらえず、困り感の解消が難しいことがあります。吃音を伝える（開示できる）抵抗感を軽減できるよう、**「吃音 = 悪いこと」という図式にさせない**ことが大事です。海外の研究では、吃音を伝えるかどうかから、さらに一歩進んで吃音を「どのように」伝えるのが効果的かについて検討が進んでいます（Boyle & Gabel, 2020）。吃音の説明の仕方から、どのような症状や悩みがあり、どのようにしてほしいかまで説明ができるようになるために支援を行う必要があるでしょう。

● 吃音で困った時に助けを求められる

　自立は「1 人立ち」であるようで、「依存先を増やすこと（熊谷, 2012）」でもあります。個別指導でも実践することが多いと思われますが、たとえば言葉が出てこない時、予期不安を感じている時、あるいは具体的な場面として、学校の音読、授業での発表、日直当番や係活動のような場面を想定して、そこでどのように対処（コーピング）したらよいかを考え、必要に応じて**周りに助けを求められる力**は将来的にも大切なスキルです。

　進学、就職とライフステージを重ねるごとに、これまでは困らなくても、困ることが

突然現れるかもしれません。コーピングスキルをもたないと、そのような新規の場面での対処方法がわからずに、一時しのぎの非適応的な対処（たとえば、他者とかかわらないようにするために不登校になってしまう）や、対処そのものができないことになって、結果的に不安やストレスが蓄積する可能性もあります。**問題解決能力**を養い、将来的にも役に立つコーピングスキルの獲得を目指していくことが求められるでしょう。

● 自己理解を深められる

　吃音がその人を構成する全てではありません。しかし、吃音が自身の頭の中で大部分を占めてしまい、色々な可能性や思わぬポテンシャルに気づけないことがあります。答えがわかっていても挙手しない、話すことの少ない仕事に就きたいなど、吃音ありきの決断をすると、選択肢がはじめから狭くなってしまいます。その子ども全体の良さや吃音に限らない苦手な部分にも目が向けられ、**吃音にとらわれない将来のイメージ**がもてることは大切なことです。吃音症状も「治る」か「治らない」かの2択にとらわれるのではなく、「改善してきた（よくなってきた）」「苦しさが軽減した」「困り感が減少した」などの連続性の中で、個人の実生活に結びついた文脈で考えられるとよいでしょう。

● 二次的な問題に発展させない

　吃音が進展すると二次的な問題が大きくなるのはこれまでに述べた通りです。代表的なのが人前で注目が集まる場面に強い不安を感じる社交不安であり、吃音のある中高生や成人においては高い割合で**社交不安障害**と同様の不安が生じることがわかっています（Iverach et al., 2014）。たとえば、社会人で電話を回避してしまうことはよく聞かれる悩みです。それは吃音が出るから電話ができないのではなく、吃音が出てしまったらどうしようという、予期不安にも悩んでいる状態です。電話で会話ができないのではなく、電話に出ること自体ができない状態であり、話し始める前の行動が制約を受けています。問題の中心は吃音症状そのものではなく、社交不安になると、吃音症状に対する指導支援は効果が薄くなるかもしれません。このように、社交不安などの二次的な問題に発展させないように、早期対応として吃音に付随する心理症状に対する援助を行う必要があります。

④ 小学生から中高校生へ、ピアサポートの重要性

　中高生や成人では吃音に対する恐れが増大し、吃音を周囲に隠したいという思いが強くなっていきます。小学生も学年によって個人差はありますが、吃音のある小学生と中高生が周囲にどのように接してほしいかを自由記述で調査した研究を紹介します（Iimura et al., 2021）。特に多かった要望は「言葉が出るまで待つ」と「普通に接する」のカテゴリーに属する内容でした。**「言葉が出るまで待つ」** については、吃音で言いたいことが言えない時に、他の人が言葉を先取りしてしまい、そのために「言えなかった」と感じて話す意欲が低下してしまうことが、その背景にあるでしょう。話そうとする自分を主体として、周囲に配慮を求めるニュアンスがあるといえます。小学生ではこの回答が多くみられました。

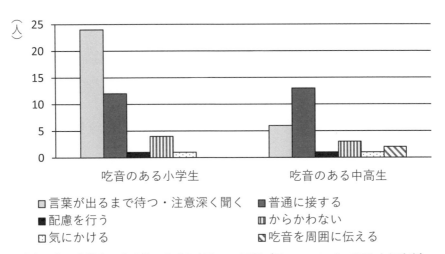

吃音のある小学生・中高生の友人に対しての要望（Iimura et al., 2021 より改変）

　一方で中高生では **「普通に接する」** という回答が多くみられました。思春期という多感な時期で集団からの排除を恐れ、目立ちたくないと**吃音を周囲に隠したい思い**が強くなり、アクションを起こすことに抵抗感を感じているのかもしれません。吃音があってもなくても同じように接してほしい、吃音について言及しないでほしいと望むことは、他者から見られる自分をメタ認知的な思考によるものかもしれませんが、やはり本人の吃音を隠したい思いは強くなっているようです。吃音を上手く隠し通せれば、より吃音

を隠そうと行動が強化されます。その背景には、クラスメイトや先生、家族から吃音が理解されなかった過去の経験や、そこから派生した思い込み（歪んだ認知）も影響していることでしょう。

このように感じてしまう背景として、これまで吃音のある人に会う経験がなかったため、吃音があるのは自分1人だけかもしれないという孤独感があるのかもしれません。吃音を周囲に伝えることの恐怖ももちろんあるでしょう。**小学生の頃から心理面への対応を行い、吃音の心理的悪化を防ぐ**ことが大事で、ピア（仲間）の役割があるグループ学習は心理指導として貴重な機会であると考えられます。

COLUMN

身体的なコミュニケーション

　京都大学の元総長である山極壽一先生はゴリラ研究の第一人者ですが、近年の言語に偏りすぎたコミュニケーションは時に言葉は暴力になることもあり、身体的なコミュニケーションを増やして、人と人とが信頼関係を構築することが大事であるとも述べています。確かに最近は新型コロナウイルス感染症の影響もあり、直接顔を合わせて話す機会が減り、平たい画面を介した、限られた情報の中でのコミュニケーションが多くなっています。場所を問わずに相対できるオンライン通話は確かに便利ではあります。しかし、言葉で表現される情報の割合が多くなると、会話の間や、身体のしぐさや動きとして出る感情の一面など、言葉以外の情報が実は大事だったのだとふと気がつくことがあります。それは画面越しには見えにくいものです。言葉は情報を伝える1ツールではありますが、ツールはそれだけではありません。言葉だけの情報は冷たく、時に微妙なニュアンスが落ちてしまい、円滑な相互理解を妨げるものともなります。スラスラと話すことだけがコミュニケーションではありません。他者とやりとりを行う上での言葉以外の表現方法も身につけていくことは、人としての優しさや温かみにもつながってくることだと思います。

⑤ ことばの教室の 吃音グループ学習の現状

　ことばの教室での吃音グループ学習の実態については、グループ学習の現状と課題を明らかにする目的で 2019 年に実施された村瀬（2022）の研究があります。日本の 4 県の言語障害通級指導教室 155 校が対象で、有効回答は 88 校（返答は 90 校）でした。

　グループ学習の実施の有無は、以下のようになりました。

グループ学習の実施

単独設置校　16 %（11/68 校）

複数設置校　65 %（13/20 校）

合計　27 %（24/88 校）

　実施の行われた学校でのねらいは以下の通りで、全ての学校で共通のねらいは「同じ吃音の仲間に出会って安心する」でした。

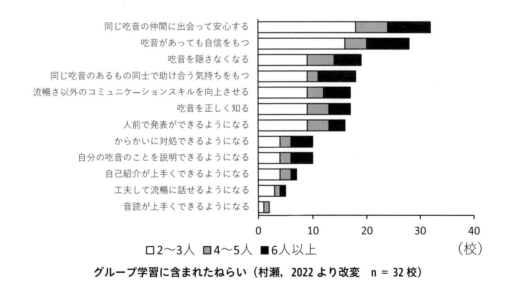

グループ学習に含まれたねらい（村瀬, 2022 より改変　n = 32 校）

　グループ学習で実施した活動では、吃音に対する学び、自身の経験を話すこと、人前で話せる経験などが含まれていました。

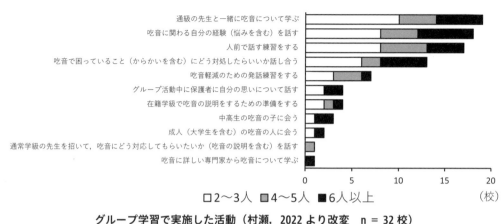

グループ学習で実施した活動（村瀬，2022 より改変　n = 32 校）

一方で、グループ学習で大変なこととして一番多かった回答は、活動内容を決めることでした。

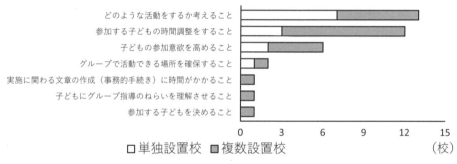

グループ学習で大変だったこと（村瀬，2022 より改変　n = 31 校）

これらより村瀬（2022）では、グループ学習の実施率は低く、通級による指導は個別指導が中心的であること、指導の場所へのアクセスやメンバーの時間調整のために参加する子どもを集められないこと、学習内容を考える難しさが課題であることが述べられています。

⑥ グループ学習の効果について

グループ学習の効果については他書（小林, 2009；中村, 2013；村瀬, 2022）でも詳細にまとめられていますが、以下に再構成しました。

- 自分以外の吃音のある子どもがいることを実感できる
- 吃音に恐れのない環境で、吃音のある子ども同士だからできる会話やその内容
- 吃音の深い学習と洞察を得る

● 自分以外の吃音のある子どもがいることを実感できる

吃音のある子どもが抱いている感情や体験は、時にクラスメイトや家族にも理解されないと感じてしまうことがあります。グループ学習では、**自分以外にも吃音のある人の存在**を知ることができ、言葉の出づらさや悩みをわかち合えることで、強い安心感が得られるでしょう。小学校 6 年間の中で、悩みを相談する側の新入生は中高学年の児童から経験を伝えられ、高学年になると今度は悩みを受ける側となり、次の新入生へと引き継がれていく、このような役割交代が行えることもピアサポートの重要な側面でしょう。

● 吃音に恐れのない環境で、吃音のある子ども同士だからできる会話やその内容

グループ学習では吃音を周囲に隠す努力は求められません。吃音を気にせず、話すことへの恐怖が減り、吃音が出ても**安心して発言や発表が行えるでしょう**。自分の吃音を不安感の少ない中で出せるため、吃音に対する脱感作も期待できます。

これまで閉じ込めてきた自分の思いを吐き出し、自分も同じだよと共感し、共鳴し合うわかち合いが行われることで、自分だけだと思う孤立から脱却し、吃音にとらわれた自分からも開放されるかもれません。吃音のある子ども同士だからわかる経験的知識は普段の学校生活を乗り越えるために実際に役に立つ知識であり、普段の生活に結びついた有意義な体験と学びが期待できるでしょう。

● 吃音の深い学習と洞察を得る

　グループ学習では、吃音の言語症状や問題の現状を客観的に捉えたり、内省したりできます。より良いコミュニケーションを行うための洞察も得られるでしょう。普段の生活の中では、同じ吃音のある人に会う経験は簡単には得られず、自分自身の今後の見通しをもつことは時に困難となります。グループ学習では、そのような**将来の見通し**をもてるようになることも期待できます。

　吃音によって進学や就職などの選択肢が狭くならないように、将来のイメージやモデルケースをもつことは大切です。ことばの教室の活動の中で、大人の吃音当事者との交流会を企画することもできます。飯村（2015）は、ことばの教室複数校の活動に大人の吃音当事者を交えた交流を報告しており、普段は指導場面で打ち明けないような質問を児童がしていたり（下図）、「（大人の人も自分たちと）同じなんだ」という子どもたちの感想などを報告しています。将来の豊かな生き方を明確化し、「自分もこうなれる」という自己肯定感や、自分のなりたい姿の形成に役に立つでしょう。

大人の吃音当事者への質問（飯村，2015）

「学校で吃った時、笑われたり真似されたりしたことはありますか？　あれば、その時どうしましたか」

「高校や大学で失敗したりはずかしかったことはありますか」

「大学に行くにはどんなことが大切ですか」

「どんな時に吃りますか」

「大学に行くには塾に行った方がいいですか」

「みんなの前でしゃべる時吃るのを我慢したことはありますか。あれば、その時辛くなかったですか」

「吃るのが一番きつかったのはいつですか」

「学校で吃るのを笑われてケンカになったことはありますか」

　上記以外にも、グループ学習を通して他にも頑張っている仲間の存在を意識することで、毎日の生活を励んでいこうという意欲や、他者に伝える力、面倒を見たり助けること、問題解決などの**自己成長**や、個別訓練における**コミュニケーション練習の実践場所**など、指導内容に応じた多様な効果が期待できるでしょう。

　このようなグループ学習の効果を高めるには、中村（2012）で述べられているような、以下に示している子どもたちの集団特性の視点も踏まえられるとよいでしょう。

グループ構成の視点

・同年齢か異年齢か　・同性か異性か　・吃音に対する思い

・個別指導の成果　・吃音症状の質　・児童の特性　・その他

グループの質の視点

・気が合う　・自分の吃音に向き合える、あるいは向き合おうとしている

・自分のことばで表現できる　・人の話が聴ける

・集団による指導を受け入れられる

指導内容の視点

・第 1 段階：知り合う　　　　　・第 4 段階：吃音体験などを話し合う

・第 2 段階：知識を共有する　　・第 5 段階：自主的に付き合う

・第 3 段階：吃音体験を語る

COLUMN

吃音のある大人のロールモデル

　この本では、吃音のある 20 名の働いている様子が書かれており、吃音があっても働いている将来のイメージをもつのに参考になるでしょう。

『吃音と就職：先輩から学ぶ上手に働くコツ』学苑社，2019 年

第2章

［実践］

ことばの教室（小学校）における吃音グループ学習

① 実施にあたって

　本章では、ことばの教室（小学校）で実際に行われた活動をもとに、吃音グループ学習の実践例を紹介します。紹介する実践は、ことばの教室の教員が 4 名、児童が 20 名程度（自校通級 5 名・他校通級 15 名程度）と比較的大きな集団で行われたグループ学習になります。大きな集団でグループ学習を行うことで、1 〜 6 年生までの縦割りのグループ学習や高学年を対象とした吃音理解学習など、多様な形態でのグループ学習が可能になります。

● 小規模集団での工夫

　とはいえ、実際には教員が 1 名のみ、児童も数名程度のことばの教室も少なくありません。このような場合、「本校は児童数が少ないからグループ学習はできない」と思われるかもしれませんが、「6．吃音理解学習」（84 ページ）のように小集団でも可能な実践はあります。また、地域や近隣のことばの教室と合同でグループ学習を行うといった方法も考えられます。たとえば、事前学習は Teams などを活用して各校で準備をし、グループ学習当日は指定の学校に集まって行うなど、オンラインコミュニケーションツールをうまく活用することで、少人数のことばの教室でも実現できる可能性があります。

　本章で紹介するグループ学習も児童同士が直接会うのは年に数回程度で、それ以外はビデオレターや手紙などを活用して間接的に交流を図る機会を設けていました。グループ学習当日までに間接交流の機会を多く設けることで、直接会う機会は少なくても事前に関係構築を図ることができ、当日会うことへの期待感やグループ学習への意欲を高めることにもつながります。

● ICT の活用

　最近では、GIGA スクール構想により学校における ICT 環境が急速に整備されています。ICT 環境の整備や活用状況には地域差があるものの、ビデオ会議やグループチャットなどの機能を活用すれば児童同士の間接交流が容易になり、教員同士の打ち合わせや資料共有もしやすくなりました。また、間接交流の仕方として、以前は手紙やビデオレターなどに限定されていましたが、今後はビデオ会議を活用した双方向のコミュニケー

ションや、アイスブレイクアプリを活用してゲームをしながらお互いのことを知るなど、リアルタイムでのオンライン交流も可能になるでしょう。ICT を活用して各校で連携を図りながら準備を進めることで、少人数のことばの教室であっても本書で紹介するようなグループ学習が実現できるかもしれません。

/// 登場人物 ///

田中先生（主任）
6 年目
（教員 10 年目）

小林先生
8 年目
育休明け

小川先生
3 年目
（教員 15 年目）

山田先生
1 年目
初任者

ふじびるくん（6 年生）
グループリーダー
吃音は重度→軽度に改善
「吃音があっても大丈夫」
と思えるようになった

くちねこくん（5 年生）
チームリーダー
吃音は中等度
モットーはチャレンジ精神

りんごちゃん（3 年生）
時々ことばにつまり
吃音をとても気にしている

くちびるくん（1 年生）
ことばの繰り返しが多いが
あまり気にしていない
リーダーに憧れを抱いている

　実際に行われたグループ学習の内容をイメージしやすいように、具体的な計画や活動内容、学習指導案や教材などを紹介する構成にしています。ご自身の学校環境や子どもたちの実態・ニーズなどに応じて、本章の内容をアレンジしてご活用いただき、明日からの授業づくりの一助になれば幸いです。

② グループの編成

グループ学習の実践にあたっては、グループの人数や編成の仕方によって実践可能な学習は異なるため、最初にグループの編成を行います。以下は本書で紹介する「1〜6年生の縦割りグループ学習」の編成例です（15名集団を想定）。

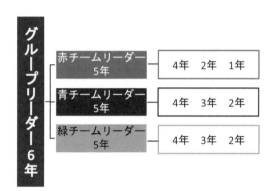

期待される効果

- ・チームへの帰属意識
- ・役割意識、仲間意識
- ・ピアサポート
- ・協働的な学び
- ・コミュニケーション能力向上
- ・グループの質向上 など

① 15名の集団を1チーム5名ずつの計3チームに分け、それぞれの学年の児童がおよそ均等になるように振り分けます。チームはそれぞれ赤チーム、青チーム、緑チームなど児童が親しみやすいチーム名を決めます。

② 各チームに5年生のチームリーダー（学級でいう班長の役割）を立て、チームをまとめる役割を担います。

③ 6年生のグループリーダー（学級でいう学級委員長の役割）を立て、吃音グループ全体を総括する役割を担います。15名の集団をチームに分け高学年児童がリーダーの役割を担うことで、先輩としての自覚・責任感が生まれ、チームで協力してグループ活動に取り組もうとする意欲の向上につながります。年度によって6年生がいない場合は、4年生がチームリーダー、5年生がグループリーダーを担うなど、年度の状況に応じて柔軟に編成していきます。

このような縦割りグループを編成することで、先輩が後輩をサポートしたり、後輩の頑張りを見て先輩も新たなことに挑戦したりと、グループの仲間と支え合い・高め合う関係性が育まれることが期待されます。

チーム分けは、4月上旬〜中旬頃までにことばの教室の先生方で協議して決めます。

信頼関係が構築されてきた児童が同じチームになるようにする、憧れの先輩がいるチームに後輩を入れる、女子が少ない場合は女子が 1 人だけにならないようにするなど、児童の実態をもとに「グループ学習で何をねらうか」を検討して振り分けます。グループ編成が完了したら、顔写真付きのチームメンバー表（下図）を作成し、教室に掲示して事前学習時に見せることで、チームへの帰属意識や仲間意識が芽生えていきます。

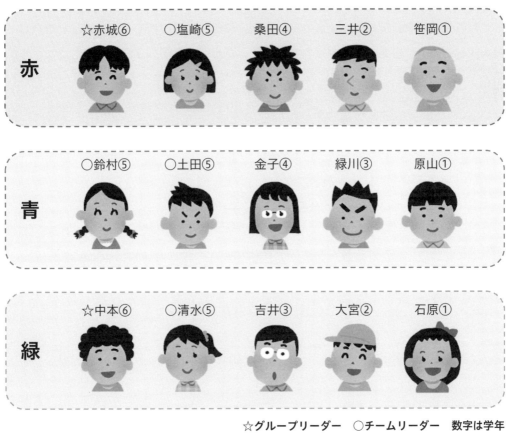

☆**グループリーダー** ○**チームリーダー** **数字は学年**

チームメンバー表の例

チームで協働し主体的に取り組む学習活動を設定することで、子どもたち同士が教え合い学び合う協働的な学び（文科省，2021）の実現につながり、コミュニケーション能力やグループの質も向上することが期待されます。

③ 年間スケジュール

　学期ごとの年間スケジュールを次ページに示します。年間スケジュールは、校内の年間計画を参照しながら（式典と重ならないようにするなど）、4月上旬〜中旬に教室内で協議して決め、スケジュール表を保護者に渡します。保護者が予定を調整するためにも4月の通級説明会で渡せるとよいでしょう。また、学級担任にも連絡帳などを通じて配布することで、授業の調整がしやすくなり、グループ学習の理解啓発にもつながります。

　本章で紹介するグループ学習は、以下の2つに大別されます。

> - 縦割りグループ学習（全学年）
> - 吃音理解学習（高学年）

　全学年を対象とした「縦割りグループ学習」は、1学期は「新しい仲間を迎える会」、2学期は「お楽しみバザール」、3学期は「6年生を送る会」、のように学期に1回ずつ行います。学期ごとに、以下の①〜④のサイクルから構成します（詳細は後述します）。

① 企画会議（小集団・高学年）……縦割りグループ学習のめあてや役割分担などを決め、お知らせビデオレターを作成します。
② 事前学習（個別・全学年）……2〜3ヵ月程度かけて係の準備を進め、一緒に係を担当する児童と手紙やビデオレターなど（現在はビデオ会議やチャットなども可能）を通じて間接交流を図ります。
③ 縦割りグループ学習（集団・全学年）……夏季・冬季・学年末休暇直前の短縮日程の午後（15時前後）に行うことで、遠方に住む他校通級の児童も参加しやすくなり、在籍校の授業を抜ける時間も少なくて済みます。
④ 事後学習（個別・全学年）……振り返りを行い、1つのサイクルが終了になります。

　「吃音理解学習」は、児童の発達段階を考慮して9歳以降の高学年の児童を対象に学期に1回程度ずつ行います。小学生の発達段階を考慮すると、9歳以降の小学校高学年

の時期は自己を客観的に捉えるメタ認知の能力が発達するため（藤村，2008）、メタ認知を活用した協同的な学習により吃音理解が深まることが期待されます。一方、この時期は自己に対する肯定的な意識をもてず劣等感を持ちやすくなることから、「自己肯定感の育成」「自他の尊重の意識や他者への思いやりなどの涵養」「集団における役割の自覚や主体的な責任意識の育成」などが高学年の時期の重点課題として挙げられています（文科省，2009）。

　このような高学年児童の認知発達や実態などを踏まえ、吃音理解学習の内容を考えていきます。

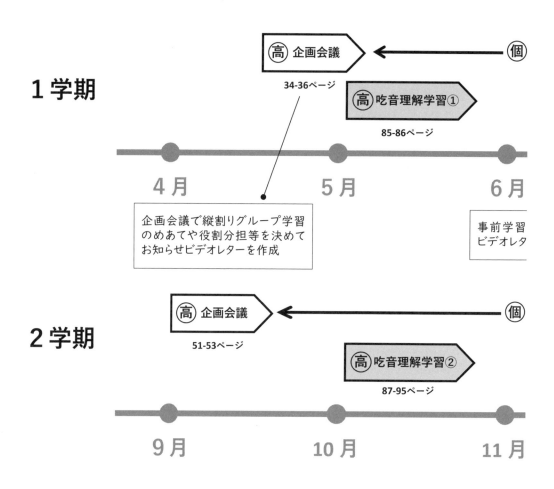

1学期

企画会議 (高) 34-36ページ ← (個)

吃音理解学習① (高) 85-86ページ

4月   5月   6月

企画会議で縦割りグループ学習のめあてや役割分担等を決めてお知らせビデオレターを作成

事前学習
ビデオレタ

2学期

企画会議 (高) 51-53ページ ← (個)

吃音理解学習② (高) 87-95ページ

9月   10月   11月

3学期

企画会議 (高) 69-71ページ ← (個) 事前学習 72-75ページ

吃音理解学習④ (高) 98-100ページ

1月   2月   3月

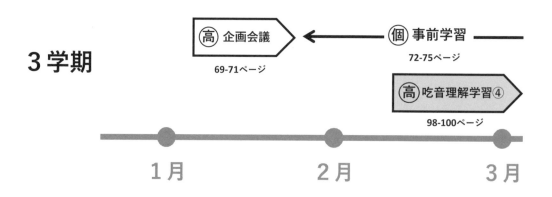

(高)…高学年対象　　(全)…全学年対象　　(個)…個別学習

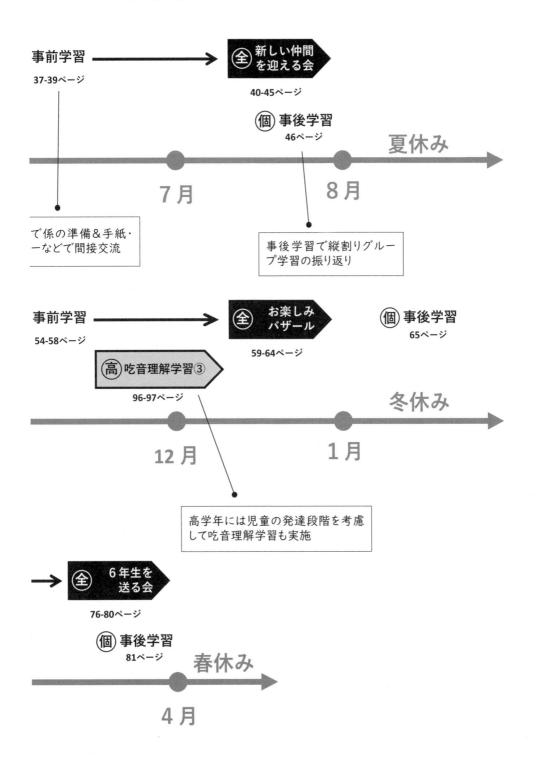

④ グループ学習の実践

🏫 1 学期「新しい仲間を迎える会」

ねらい

○　新しい仲間と積極的に交流を図る。

○　自分の気持ちや考えを最後まで伝えることができる。

4 月中旬　　　1．指導案の作成と打ち合わせ　　　　　　　　　　　➡ 32 〜 33 ページ

5 月上旬　　　2．企画会議　小集団　高学年　　　　　　　　　　➡ 34 〜 36 ページ

5 月中旬〜　　3．事前学習　個別　全学年　　　　　　　　　　　➡ 37 〜 39 ページ
7 月下旬

7 月中旬　　　4．縦割りグループ学習　集団　全学年　　　　　　➡ 40 〜 45 ページ

7 月下旬　　　5．事後学習　個別　全学年　　　　　　　　　　　➡ 46 ページ

POINT

● 初めてのグループ学習は、大人が思っている以上に子どもは不安を感じています。初めて参加する児童に先輩から手紙やビデオレターを送ったり、事前学習で丁寧にリハーサルを行ったりして、安心できる環境づくりに努めましょう。

● 保護者も子どもと同様に不安を抱いていることも少なくありません。4 月の通級説明会の折に吃音グループの保護者で集まり、教員からグループ学習の意義を説明したり、保護者同士で話す機会を設けたりするなどの取組も重要です。

(1) 指導案

指導案打ち合わせ　4月中旬　場所：職員室　参加者：教員4名（主担当　田中先生）

- ・グループ学習の目標
- ・事前学習で準備すること
- ・教員の役割分担
- ・どのようなゲームをするか？
- ・誰がどの係を担当するか？　など

吃音グループ学習「新しい仲間を迎える会」学習指導案（略案）

1．**日時**　　○○年7月15日（水）　15：30～17：00
2．**場所**　　ことばの教室プレイルーム
3．**対象**　　吃音グループの児童15名（うち新しい仲間3名）
4．**目標**　　・新しい仲間やチームの仲間達と交流を図る。

　　　　　　・自分の気持ちや考えを最後まで伝えることができる。

5．**展開**

時間	学習内容・活動	・指導上の留意点及び配慮事項　◇評価
15:00	係ごとにリハーサル	・各係でリハーサルを十分にしてから本番に臨む。
15:30	司会（5・6年ペア） はじめの言葉（2年ペア）	・チームごとに整列し、司会の号令ではじめる。 ・言いにくい箇所は2人で声を揃えて言うようにする。
15:35	グループリーダー・ チームリーダーの紹介 先生の紹介	・リーダーとしての思いを添えて、自己紹介とめあてを発表する。 ・個別学習だと会う機会が少ない教員もいるため、教員も自己紹介をする。 ◇自分の気持ちや考えを伝えることができる。
めあて ・新しい仲間が安心できるように笑顔いっぱいの会にしよう ・友情を深めるために積極的に話しかけよう		
15:40	歓迎の言葉（3年ペア）	・新しい仲間を迎えて、グループ学習がはじまることへの期待感を伝えられるようにする。
15:45	歓迎の手紙（4年） プレゼント（3年）	・プレゼントのメダルを首にかける時は「よろしくね」など声掛けをする。

15:55	ゲーム①「新聞島ゲーム」 （4・5 年ペア）	・心身の緊張がほぐれるように体を動かすゲームを最初に行う。
16:10	ゲーム②「名刺交換ゲーム」（2・5 年ペア）	・自己紹介が苦手な児童も多いため、ゲーム要素を加えて楽しい雰囲気の中で自己紹介できるようにする。 ◇新しい仲間と積極的に交流を図ることができる。
16:25	感想記入（児童・保護者）	・低学年用と高学年用で感想用紙を分け、感想を書くのが苦手な児童には教員がサポートに入る。
16:40	感想発表（児童・保護者）	・児童はチームごとに丸くなって発表する。 ・発表が苦手な児童がいた場合は、教員や先輩の児童がサポート（例：声を揃えて読む）に入る。 ・先輩の保護者 1 名、新しい仲間の保護者 1 名にも感想を発表していただく。 ◇自分の気持ちや考えを伝えることができる。
16:50	先生のはなし（教員）	・本時の総括と各係の良かったところを称賛する。 ・2 学期のグループ学習（お楽しみバザール）の予告をし、期待感を高められるようにする。
16:55	おわりの言葉 （4・5 年ペア）	・事前に考えてきた原稿に、当日の感想も添えて発表する。 ◇楽な発話技法を意識しながら発表する。

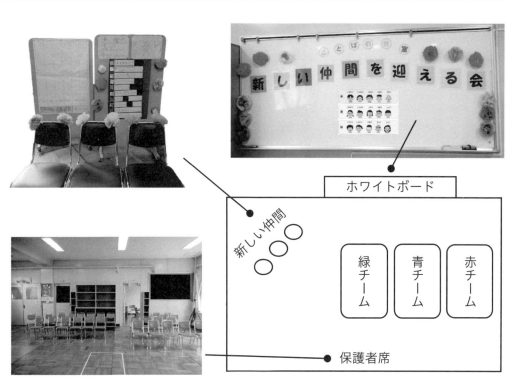

(2) 企画会議〈小集団・高学年〉

参加メンバー：高学年児童 6 名、
教員 4 名

高学年グループ企画会議「新しい仲間を迎える会」学習指導案（略案）

1．**日時**　　○○年 5 月 9 日（木）　16：15 ～ 17：00
2．**場所**　　第○指導室
3．**目標**　　・みんなが楽しめるような「新しい仲間を迎える会」を計画する。

　　　　　　・吃音グループのリーダーとしての自覚をもつ。

4．**展開**

時間	学習内容・活動	・指導上の留意点及び配慮事項　　◇評価
16:15	はじめの挨拶（6 年） 本時のめあて・学習内容、リーダーの役割を知る	・企画会議がはじまる前に雑談をするなどして、話しやすい雰囲気づくりをする。 ・学習内容を伝えて見通しをもてるようにする。 ・リーダーの役割（まとめ役・サポートなど）を伝え、役割意識をもてるようにする。 ◇吃音グループのリーダーとしての自覚をもてる。
めあて ・人の話をきいたり、自分の考えや意見を話したりしよう ・みんなが楽しめるような「新しい仲間を迎える会」を計画しよう		
16:20	バースデーチェーン ・制限時間内に誕生日が早い順に無言で並ぶ	・簡単なゲームをしてコミュニケーションを図ってから話し合いをはじめられるようにする。 ・伝達手段を非言語のジェスチャーに限定することで、安心してゲームに参加できるようにする。
16:25	新しい仲間を迎える会の計画を立てる（めあて・ゲーム・係の推薦など）	・意見があまり出てこない時は、付箋を配布して各自で考える時間を設けたり（文ではなく「めあて」に入れたい単語だけでもよいことを伝える）、昨年度の「めあて」を見せたりする。 ・グループ学習でやりたいゲームや係の推薦（例：後輩の○○くんに司会役に挑戦してほしい）などの意見を聞く。

		◇みんなが楽しめるような「新しい仲間を迎える会」を計画することができる。 ◇自分の意見を伝えることができる。
16:40	ビデオレター撮影 ・読む箇所を決める ・リハーサルをする	・ビデオレターの台本に「めあて」を書き足し、読む箇所の分担を決める。 ・読む順番に横一列に並び、セリフが書かれたスケッチブックを教員がめくるなどして、誰がどこを読めばよいかわかるようにする。 ・「笑顔で」「前を向いて」など、流暢さではなく非言語コミュニケーションの大切さを伝える。 ◇自分なりの話し方でセリフを読むことができる。
16:55	先生のはなし（田中先生） おわりの挨拶（5 年）	・本時の総括と良かったところを称賛する。

ビデオレターの台本

（みんなで）みなさん　こんにちは！

グループリーダーの○○です。赤チームリーダーの○○です。

青チームリーダーの○○です。緑チームリーダーの○○です。

（みんなで）よろしくお願いします。

①今年のグループ学習の計画は、わたしたちが決めてお知らせします。

②みんなに係の仕事を頼みたいと思います。

③わたしたちがサポートするので、いっしょにチャレンジしていきましょう。

④悩み事があったら、相談ボックスにお手紙を入れてね。

⑤新しい仲間を迎える会についてお知らせします。

⑥7 月 15 日（水）15：30 からことばの教室プレイルームで行います。

⑦新しい仲間を迎える会のめあては……

　（みんなで）　めあてを言う

⑧新しい仲間が楽しめるように準備や練習をがんばってください。

⑨みんなで協力して、グループ学習を成功させましょう！

　（みんなで）バイバーイ🖐

吃音グループ企画会議「新しい仲間を迎える会」に向けて

名前（　　　　　　　　　）

> ## めあて
> ○ 人の話をきいたり、自分の考えや意見を話したりしよう。
> ○ みんなが楽しめるような「新しい仲間を迎える会」を計画しよう。

１．グループリーダー・チームリーダーに求められること

２．バースデーチェーン

　　30 秒以内に１月１日から誕生日が早い順に無言で並ぶ

３．新しい仲間を迎える会について

　　・「めあて」を決める

　　・やりたいゲーム、係の推薦（例：司会役に○○くんを推薦します）

４．お知らせビデオレターの撮影

５．今日の感想

次の個別学習で、担当の先生へ提出しましょう。

（3）事前学習〈個別・全学年〉

　多くのことばの教室では、週に 1 回 45 分間の個別指導を行っていると想定されます。個別指導では、グループ学習の事前学習だけではなく、石田・飯村（2021）の多面的・包括的アプローチの実践で報告されているような流暢性形成法、個別の吃音理解学習、親との面談、連絡帳記入なども行っています。

　ここでは、はじめに①個別指導における 1 単位時間の流れ（例）を示し、グループ学習の事前学習をどのような時間配分で行っているかを紹介します。ただし、この流れはあくまでも例ですので、子どもが悩みを打ち明けてきたり、主体的に取り組みたいアイデアを話してきたりした時は、予定を変更することもあります。その時々の状況や子どもの実態、興味関心などに応じて 1 単位時間の流れを構成していくとよいでしょう。

　次に、②事前学習の具体例を示し、個別指導でどのような事前学習を行っているかを紹介します。事前学習の進め方には様々な方法が考えられますが、吃音グループの全員で集まる縦割りグループ学習は年に数回しかないため、事前学習でいかに子どもの気持ちを高め、準備を進めておくかが成功の鍵を握ります。

①　個別指導における 1 単位時間の流れ（例）　15:15 ～ 16:00 の場合

時間	学習内容・活動	・指導上の留意点及び配慮事項　　◇評価
15:15	はじめの挨拶 ・出席カレンダーにシールを貼る ・自由会話 ・本時の学習内容を知る	・連絡帳に書かれた学校・家庭での出来事や励ましの言葉を伝え、学習意欲を高める。 ・自由会話を通じて吃音の状態、表情や態度から心理状態を把握し、必要に応じて学習内容を適宜変更する。 ◇学習内容を理解し、学習への見通しをもてる。
15:20	楽な話し方の練習 ・楽な姿勢 ・単語絵カード呼称 （復唱→自発話）	・「ゆっくり」「やわらかく」を意識した発話モデルを十分に聞かせながら練習を行う。 ・吃音が生じたことについては修正を求めず、目標とする発話スキルが達成できていない場合（例：発話速度が速い）のみ修正を求める。 ◇楽な話し方を意識して発話することができる。
15:35	グループ学習の事前学習 ・「はじめのことば」のセリフ作成 ・ビデオレター作成	・児童が伝えたいことを聞き取り、語頭音や文の長さやなどに配慮しながらセリフを考える。 ・係を一緒に担当する後輩に向けてビデオレターを作成し、セリフと一緒に送る。 ◇意欲的に学習に取り組むことができる。 ・本時の取組を称賛し、次時への意欲向上を図る。

15:55	おわりの挨拶 ・本時の振り返り ・次時の予定	・次時は「はじめのことば」のセリフを読む練習をすることを 　伝える。
	連絡帳記入 （適宜）保護者と面談	・本時の様子を連絡帳に記入し、在籍校の担任と保護者の3者 　で共通理解を図る。
16:00	解散	

② 事前学習の具体例

係の準備

プログラム作成

新しい仲間への
プレゼント作成

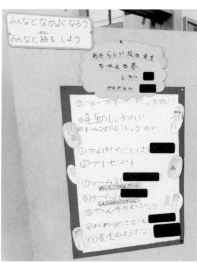

新しい仲間への
歓迎の手紙作成

くちびるくんへ
ことばのきょうしつ
へようこそ！
ことばのきょうしつは、みんな
でゲームをしたりはなしあいを
したりする楽しいところだよ！
こまったことがあったらみんな
でサポートするから、これから
なかよくやってこうね！
　　　　　　5年　くちねこ

POINT

● 新しい仲間へのプレゼント（メダル）や手紙を作成する中で、上級生としての
自覚やグループ学習への期待感が高まっていきます。

● 作業工程の全てを子どもに任せると、作成に多くの時間を割いてしまうことが
あります。子どもの主体性を尊重するのは大切ですが、ことばの教室は週に1
回しかないため、流暢性形成法や吃音理解学習の時間を確保することも大切で
す。時間内に終わらなかった分は宿題にしたり、他の子と分担（例：プログラ
ムの題字を分担で書く）したりして、メリハリをつけるとよいでしょう。

セリフ練習

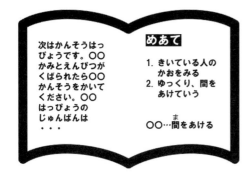

- ・児童の実態に応じて語頭音（苦手な音を避けるなど）や文の長さを調整しましょう。
- ・児童と相談して個別の目標を決めます。ただし、吃音が生じたか否かに注意が向くと吃音が生じやすくなるため（石田, 2020）、「どもらないようにする」などの目標は避けましょう。

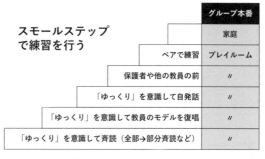

	グループ本番
	家庭
ペアで練習	プレイルーム
保護者や他の教員の前	〃
「ゆっくり」を意識して自発話	〃
「ゆっくり」を意識して教員のモデルを復唱	〃
「ゆっくり」を意識して斉読（全部→部分斉読など）	〃

スモールステップで練習を行う

いろいろな場所・人・方法で練習を積み重ねる

間接交流

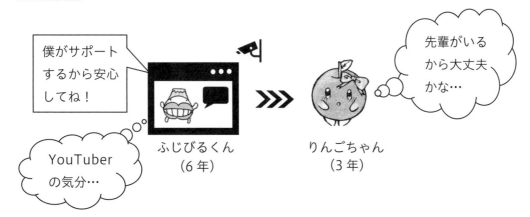

僕がサポートするから安心してね！

YouTuberの気分…

ふじびるくん（6年）

りんごちゃん（3年）

先輩がいるから大丈夫かな…

ビデオレターや手紙等で間接交流を重ねる
（現在はビデオ会議やチャットも可能）

(4) 縦割りグループ学習〈集団・全学年〉「新しい仲間を迎える会」

プログラム

1. はじめの言葉
2. リーダーの紹介
3. 先生の紹介
4. 歓迎の言葉
5. プレゼント
6. ゲーム①新聞島ゲーム
7. ゲーム②名刺交換ゲーム
8. 感想発表
9. 先生のはなし
10. おわりの言葉

めあて

○新しい仲間が安心できるように笑顔いっぱいの会にしよう
○友情を深めるために積極的に話しかけよう

 開始前に名札を着用

係のリハーサル

司会

（2人）これから新しい仲間を迎える会をはじめます。
（赤城）司会の赤城です。
（塩崎）塩崎です。
（2人）よろしくお願いします。

（赤城）はじめの言葉　三井さん、大宮さん、お願いします。

> ● セリフが短いため、はじめて係を担当する児童でも取り組みやすいです。
> ● ここで成功体験を積み、他の係にもチャレンジしていきましょう。

（赤城）ありがとうございました。

係活動

隊形に整列してからはじめる

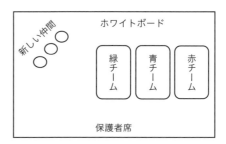

1. はじめの言葉

（三井）これから新しい仲間を迎える会をはじめます。
（大宮）みんなで仲良くやっていきましょう。
（2人）よろしくおねがいします。

司会

（塩崎）次はグループリーダー（GR）とチームリーダー（TR）の紹介です。グループリーダー、チームリーダーの皆さん、お願いします。

- 皆の前で挨拶をすることで、リーダーとしての自覚と責任感が生まれます。
- リーダーの姿をみて憧れを抱く後輩が現れるかもしれません。

（塩崎）ありがとうございました。

（赤城）続いてことばの教室の先生方の紹介です。先生方、お願いします。

- 主担当かどうかに関係なく教員全員でサポートする意識で臨みましょう。
- 日頃から担当以外の児童ともコミュニケーションを図っておきましょう。

（赤城）ありがとうございました。

係活動

● 2.　リーダーの紹介

（GR）グループリーダーの赤城です。中本です。ぼくたちがグループリーダーとしてみんなをサポートしていきます。やってみたいことや相談したいことがあったらいつでも言ってください。
（TR）赤チームリーダーの塩崎です。青チームリーダーの土田です。鈴村です。緑チームリーダーの清水です。困ったことがあったら私たちに言ってください。
（中本）今日のめあては……（せーの）
（全員）「新しい仲間が安心できるように笑顔いっぱいの会にしよう」「友情を深めるために積極的に話しかけよう」です。
（土田）これから仲良くやっていきましょう。
（全員）よろしくおねがいします。

● 3.　先生の紹介

（田中）田中です。今日は待ちに待った新しい仲間を迎える会です。新しい仲間と一緒に楽しくグループ学習をしていきましょう。よろしくお願いします。……

他の 3 人の先生も一言添えて挨拶

<table>
<tr><td>司会</td><td>係活動</td></tr>
</table>

| 司会 | 係活動 |

司会

（塩崎）次は歓迎の言葉です。
緑川さん、吉井さん、お願いします。

> ● 新しい仲間の顔を見てセリフを言える
>   ように事前に練習しておきましょう。
> ● 1人でセリフを言うのが不安な場合
>   は、吃音が生じやすい語頭音のみ斉
>   読するなどのピアサポートも有効で
>   す。

（塩崎）ありがとうございました。

（赤城）次は新しい仲間へプレゼントを渡
します。
※1人ずつ呼んで前に並んでもらう
①笹岡さん前に出てきてください。
②原山さん前に出てきてください。
③石原さん前に出てきてください。

（赤城）ありがとうございました。

係活動

4．歓迎の言葉

（緑川）はじめてグループ学習に参加
する皆さん、ドキドキしている人、ワ
クワクしている人、それぞれいると思
います。
（吉井）ここにいるみんなで仲良く、
楽しくやっていきましょう。わからな
いことがあったらぼくたちに聞いてく
ださい。
（2人）これで歓迎の言葉を終わりに
します。

5．プレゼント

手紙担当
（桑田）①笹岡さん、ことばの教室へよ
うこそ。ことばの教室は、ゲームをし
たり、みんなでたくさん話したりでき
て、とても楽しいよ。2学期のお楽し
みバザールでは、自分が作った品物を
売ったり、買ったりできる楽しいイベ
ントだよ。これから仲良く楽しくやっ
てこうね。→手紙を渡す

プレゼント担当
（三井）よろしくね。→メダルをかけ
る

**上記と同様の流れで②、③の児童に
手紙とプレゼントを渡す**

司会	係活動

（塩崎）次はゲーム①新聞島ゲームをします。

土田さん、金子さん、お願いします。

6．ゲーム①新聞島ゲーム （102 ページ参照）

- 心身の緊張がほぐれるように最初に体を動かすゲームをします。
- チームで協力するゲームをすることで自然と会話が弾み連帯感が生まれます。

（塩崎）ありがとうございました。

（赤城）次はゲーム②名刺交換ゲームをします。

清水さん、大宮さん、お願いします。

7．ゲーム②名刺交換ゲーム （103 ページ参照）

- 自己紹介という吃音児が苦手な言葉を使わず抵抗感を減らす工夫をします。
- 遊びの要素を入れて楽しい雰囲気の中で自己紹介できるようにします。

もらった名刺をポケットにしまう

チームカラーの名刺入れ

サイコロを振って出た目の数で集まり名刺を交換する

なまえ　　ふじびる
くちびる小学校　6年
すきなこと　サッカー
プール、スイッチのゲーム
ズッコケシリーズの本

手作りの名刺

（赤城）ありがとうございました。

司会

（塩崎）次は感想発表です。紙と鉛筆が配られたら感想を書いてください。
発表はチームごとに丸くなって行い、最後に原山さんのお父さん（新しい仲間の父親1名）、中本さんのお母さん（先輩の母親1名）、お願いします。

- 低学年用（マス目入り）と高学年用の感想用紙を配布します。
- 保護者にも感想を書いてもらい、次の計画に生かしていきましょう。
- 感想を書くのが苦手な児童には教員がサポートに入ります。
- 発表が不安な児童には教員やリーダーがサポート（斉読など）に入ります。

（塩崎）ありがとうございました。

（赤城）次は先生のはなしです。先生方（教員4名）、お願いします。

（塩崎）最後におわりの言葉です。
桑田さん、清水さん、お願いします。

終了後、保護者にわが子だけでなく他の子にも「〇〇がよかったよ」など声を掛けていただくとGood！

係活動

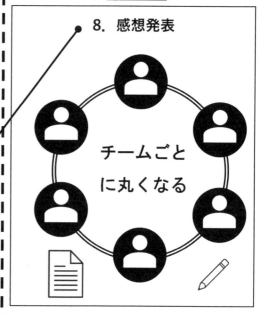

8. 感想発表

チームごとに丸くなる

---

9. 先生のはなし

今日の総括と各係の取組を称賛する。

---

10. おわりの言葉

（桑田）今日のグループ学習は楽しかったですか？ めあては達成できましたか？
（清水）ぼくは……が楽しかったです。次のグループ学習も楽しみです。
（2人）これで新しい仲間を迎える会を終わりにします。気をつけて帰りましょう！
さようなら〜（手を振りながら）

子どもたちの感想

1 年生・男子
メイシこうかんゲームがたのしかったです。あと、たくさんもらったから、うれしかったです。

6 年生・男子
今日のあたらしい仲間をむかえる会では、沢山の人と仲良くできたと思います。今日やった 2 つのゲームでは皆で集まったり自己紹介をしたりしてきずなを深められました。
新しい子たちがプレゼントをもらったり、ゲームをした時にとてもうれしそうだったのが印象にのこっています。次のグループ学習でも、今日のように楽しく仲良く活動したいと思います。

保護者の感想

今回初めての参加でした。初対面の仲間と自己紹介をしたりゲームをするのは、とてもいい経験だったと思います。自分から数人のグループを作ることを積極的にできていました。
司会にも初挑戦しました。先生とたくさん練習をしたので、本番でもよく声が出ていて良かったと思います。今度学校での発表などでも今回のことが生かせるようにがんばってほしいです。

（5）事後学習〈個別・全学年〉

グループ学習の振り返り

 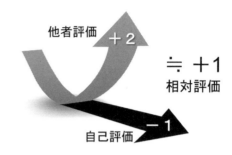

他者評価　＋2

≒ ＋1
相対評価

自己評価　−1

> **POINT**
>
> ● 当日の写真を見たり、他の子の感想文を読んだりしながら、楽しかったことや係活動などについて自己評価をします。その際は、教員と保護者による他者評価も伝えるとよいでしょう。とくに自己評価で「どもってしまった」などマイナスの発言があった時は、「顔を見て言えてたね」「笑顔がよかった」など、良かったことを具体的に伝えることで相対評価がプラスに転じる可能性があります。
>
> ● ビデオを見ながら、他の子の発表で良かったことも尋ねるとよいでしょう。他の子の良かったところに着目する中で、発表の良し悪しは流暢かどうかで決まるわけではないことに気づくかもしれません。良かったところを見つけたら、その子に向けて手紙やビデオレターを作成すると、新たな交流が生まれます。

間接交流

ふじびる先輩のおかげで楽しく発表できました！　次は司会にチャレンジしてみます！

りんごちゃん
（3年生）

ふじびるくん
（6年生）

よかった〜！！ぼくも学校の音楽会の司会にチャレンジしてみようかな……

お互いに高め合う関係性へ発展

🏫　2 学期「お楽しみバザール」 （吃音・難聴合同グループ学習）

ねらい

○　集団における個の役割を自覚し、仲間と協力して意欲的に取り組む。

○　多様なやりとりを通して実践的なコミュニケーション力を高める。

○　吃音や難聴について考え、他者理解・障害理解を深める。

| 8 月末 | 1．指導案の作成と打ち合わせ | ➡ 48 ～ 50 ページ |

| 9 月上旬 | 2．企画会議　小集団　高学年 | ➡ 51 ～ 53 ページ |

| 9 月中旬～
12 月中旬 | 3．事前学習　個別　全学年 | ➡ 54 ～ 58 ページ |

| 12 月下旬 | 4．縦割りグループ学習　集団　全学年 | ➡ 59 ～ 64 ページ |

| 1 月中旬 | 5．事後学習　個別　全学年 | ➡ 65 ページ |

POINT

● お店屋さん、お客さんになって手作りの品物を売り買いするお楽しみバザールは、卒業生から一番楽しかったと語られることが多い活動です。多様なやりとりを通して実践的なコミュニケーション力が高まることが期待されます。

● その一方で、品物作りなどの製作に重きをおきすぎると、事前学習で多くの時間を割かれるだけではなく、保護者からの理解も得られにくくなる場合があります。ねらいを達成するためにも、それぞれの活動で「何をねらうか」「何に重きをおくか」をよく考え、教員ー保護者間で共通理解を図ることが重要です。

（1）指導案

指導案打ち合わせ　8月末　場所：職員室　参加者：教員4名（主担当　小林先生）

吃音・難聴合同グループ学習「お楽しみバザール」学習指導案（略案）

1．**日時**　　○○年12月20日（火）　15：00 〜 17：00

2．**場所**　　ことばの教室プレイルーム

3．**対象**　　吃音グループの児童15名　難聴グループの児童5名

4．**目標**　　・集団における個の役割を自覚し、仲間と協力して意欲的に取り組む。

　　　　　　　・多様なやりとりを通して実践的なコミュニケーション力を高める。

　　　　　　　・吃音や難聴について考え、他者理解・障害理解を深める。

5．**展開**　　㊂…吃音　　㊗…難聴

時間	学習内容・活動	・指導上の留意点及び配慮事項　◇評価
14:30	お店の準備 係ごとにリハーサル	・机に品物と値札を並べる。 ・各係でリハーサルを十分にしてから本番に臨む。
15:00	司会（㊂4年・㊗4年） はじめの言葉（㊗2年）	・チームごとに整列し、司会の号令ではじめる。 ・セリフをモニターに映したり、聞こえなかった時に筆談したりして難聴児に対する情報保障をする。
15:05	バザールの説明 （㊂・㊗リーダー）	・チーム内で前半と後半に分かれ、お店屋さん、お客さんを交互に行うなど、バザールの進め方について説明し、共通理解を図る。 ・今日のめあてを伝え、吃音・難聴グループで協力しながら会を進められるようにする。
	めあて ・笑顔いっぱいの楽しい会にしよう ・仲良く助けあい　友情を深めよう	
15:10	吃音の人への配慮 （㊂4年ペア） 難聴の人への配慮 （㊗5年）	・「言葉が出るまで待っててほしい（吃音）」「聞こえなかった時は筆談をしてほしい（難聴）」など、それぞれの配慮事項を伝え、お互いに配慮し合いながらコミュニケーションを図れるようにする。

15:15	お店の PR 吃：赤・青・緑チーム 難：ピンクチーム 保護者チーム	・チームリーダーを中心に、チームごとにお店の PR をすることで動機づけを図る。 ・ミニゲームができる保護者コーナーを設けて、保護者と子どもとの関わりをもてるようにする。
15:25	前半の準備 ・お店屋さん ・お客さん ・保護者コーナー	・お店屋さんは店の前でスタンバイし、お客さんはおもちゃのお金が入った財布・買い物袋を受け取り、準備をする。 ・前半は吃音グループの保護者、後半は難聴グループの保護者が担当するなど、割り振りを決める。
15:30	バザール開始（前半）	・前半と後半でそれぞれ 15 分ずつ行い、終了 5 分前に値下げタイムに入る。 ・お釣りの計算などは上級生がサポートする。
15:40	値下げタイム（吃1 年）	・呼び鈴を鳴らしながら値下げタイムの合図をする。 ・売れ残っている品物があったら、教員や保護者が状況をみて買うなどして、時間内にすべての品物が売り切れるようにする。
15:45	前半終了 後半の準備	・前半お店屋さん→後半お客さん、前半お客さん→後半お店屋さんに交代し、それぞれ準備をする。
15:50 〜 16:05	バザール開始（後半） 値下げタイム（難1 年） 後半終了	・前半と同様の流れで行う。
	売上金の計算（教員）	・売上金の計算は子どもに任せると時間がかかり、会の主目的でもないため教員が行うようにする。
16:10	売上金の発表 （各チームのリーダー）	・難聴児にもわかるように売上金が書かれた画用紙を見せながら発表する。
16:15	感想記入（児童・保護者）	・低学年用と高学年用で感想用紙を分け、感想を書くのが苦手な児童には教員がサポートに入る。
16:30	感想発表（児童・保護者）	・児童はチームごとに丸くなって発表する。 ・吃音グループの保護者 1 名、難聴グループの保護者 1 名にも感想を発表していただく。
16:50	先生のはなし（教員）	・本時の総括と各係の良かったところを称賛する。 ・3 学期のグループ学習（6 年生を送る会）の予告をし、期待感を高められるようにする。
16:55	おわりの言葉 （吃3 年ペア）	・事前に考えてきた原稿に、当日の感想も添えて発表する。 ◇楽な発話技法を意識しながら発表する。

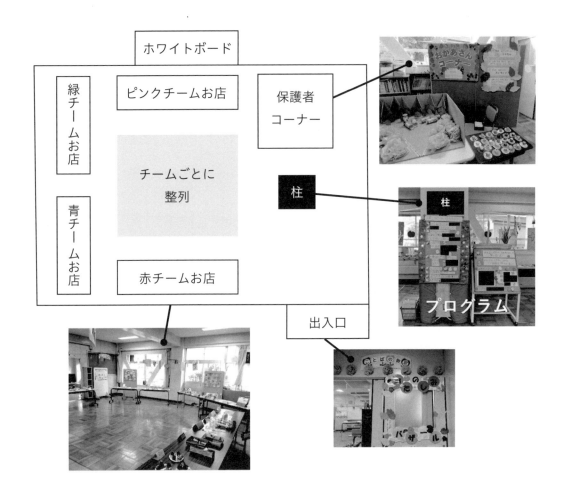

お楽しみバザールは、品物作成以外にも、保護者コーナーの計画立案、材料集めなど多くの準備を必要とします。「いつまでに、誰が、何をするか」を記したタスク管理表を作成するなどして、教員間で作業を分担しながら準備を進めていきます。

(2) 企画会議〈小集団・高学年〉

参加メンバー：吃音グループの５・６年６名、難聴グループのリーダー２名、教員４名

吃音・難聴合同グループ企画会議「お楽しみバザール」学習指導案（略案）

1．日時　○○年９月１日（火） 16：15～17：00

2．場所　第○指導室

3．対象　吃音グループのリーダー６名　難聴グループのリーダー２名

4．目標　・みんなが楽しめるような「お楽しみバザール」を計画する。
・話し合い活動を通して、コミュニケーション力を高める。
・吃音・難聴グループのリーダーとしての責任感をもつ。

5．展開　㊥…吃音　　(難)…難聴

時間	学習内容・活動	・指導上の留意点及び配慮事項　◇評価
16:15	はじめの挨拶（(吃)6年）	・難聴児はメインティーチャーの口形を見やすいように正面に着席する。
	「新しい仲間を迎える会」の振り返りをする 本時のめあて・学習内容を知る	・吃音・難聴グループのそれぞれで、１学期のグループ学習でどのような活動を行ったかを知ることができるようにする。 ・難聴児が話し手に注目しやすいように、発言者は挙手してから順番に話すように伝える。 ・難聴児の隣に教員が着席し、必要に応じて筆談や補足説明などをして情報保障をする。
めあて ・友だちの話を聞いたり、自分の意見を話したりしよう ・みんなが楽しめるような「お楽しみバザール」の計画を立てよう		
16:20	バースデーチェーン	・視覚情報を頼りにチェーンをつくることで、難聴児も安心してゲームに参加できるようにする。
16:25	お楽しみバザールのめあて決め	・２～３人程度の小グループをつくり、各自で考えためあてを紙に書いたり、発言者は挙手してから話したりするなど、難聴児が聞き取りやすい環境づくりをする。

		◇友だちの意見を聞いたり、自分の考えを話したりすることができる。 ◇みんなが楽しめるような「お楽しみバザール」を計画することができる。
16:40	ビデオレター撮影 ・読む箇所を決める ・リハーサルをする	・読む順番に横1列に並び、セリフが書かれたスケッチブックを教員がめくるなどして、誰がどのタイミングで読めばよいかわかるようにする。 ・「笑顔で」「前を向いて」など、流暢さではなく非言語コミュニケーションの大切さを伝える。 ◇自分なりの話し方でセリフを読むことができる。
16:55	先生のはなし（小林先生） おわりの挨拶（難6年）	・本時の総括と良かったところを称賛する。

ビデオレターの台本

（みんなで）みなさん　こんにちは！

吃音グループリーダーの○○です。○○です。○○です。

難聴グループリーダーの○○です。○○です。

（みんなで）よろしくお願いします。

①お楽しみバザールのお知らせをします。

②12月20日（水）15時からことばの教室プレイルームで行います。

③吃音グループと難聴グループのみんなで行います。

④チームごとにお店を開いて、手作りの品物を売ったり買ったりします。

⑤今年もどんな品物がならぶか楽しみです。

⑥保護者コーナーでミニゲームもできるそうです。

⑦みんなに係の仕事を頼みたいと思います。

⑧ぼくたちがサポートするので、いっしょにチャレンジしていきましょう。

⑨お楽しみバザールのめあては……

（みんなで）　めあてを言う

⑩みんなで協力して、バザールを成功させましょう！

（みんなで）バイバーイ

吃音・難聴グループ合同企画会議「お楽しみバザール」に向けて

名前（　　　　　　　　）

> 今日の学習内容
> 1.　「バースデーチェーン」
> 2.　１学期グループ学習の振り返り
> 3.　「お楽しみバザール」めあて決め
> 4.　ビデオレター撮影_{（さつえい）}
> 5.　諸連絡

今日のめあて

①　友だちの話をきいたり 自分の考えや意見を話したりしよう
②　みんなが楽しめるような「お楽しみバザール」の計画を立てよう

話し合いのルール

- 手をあげてから　発言する
- わからない時は　質問する

> ★諸連絡
> リーダーが準備すること　　①チームのお店の名前を決める。
> 　　　　　　　　　　　　　②お店の看板を作る。
> 　　　　　　　　　　　　　③チームメンバーのサポートをする。

> ★感想
>
>
>
>
>
>

２学期最初の個別学習で、担当の先生へ提出しましょう。

(3) 事前学習〈個別・全学年〉

　お楽しみバザールに向けての事前学習として、「お店を開くための5つのステップ」と「合同グループのみんなと仲良くなるための吃音・難聴理解学習」の2つを紹介します。この他の各係の準備については、37–39ページをご参照ください。

お店を開くための5つのステップ

STEP1　品物づくり

□　何を作るかを決める

　子どもと話し合いながら何を作るかを決めます。参加経験のある児童は既に自分で決めていることも多いですが、低学年や初めて参加する児童は何を作ればよいかなかなか決まらない場合があります。そのような時は、昨年度の品物の写真を見せたり、小学生向けの「おもちゃづくり」や「自由工作」の本を参考にしたりするとよいでしょう。また、YouTubeやネットから情報を探してみるのもお勧めです。

　その際は、買い手の視点に立って「どういう品物だったら欲しいと思うか」を考えることが大切です。そうすると、「男子は遊べるおもちゃがいいかな」「女子はキラキラしたかわいいものがいいかな」など、買い手の視点に立って考えるようになっていきます。買う人がワクワクする品物をつくることで、「どうやって作ったの？」「どうやって遊ぶの？」などコミュニケーションが活発化し、子どもたちの仲も深まることが期待されます。かかわり合いを深めていく中で、次第に「あの子と一緒に係をやりたい」「あの子に相談してみようかな」などコミュニケーション意欲が高まり、大人が介入せずとも信頼関係を育んでいく姿がみられるようになっていきます。

□　材料を集める

　作るものが決まったら、材料を集めます。学校の消耗品費は限られていますので、学校や家に置いてあるものを使用したり、リサイクル品（牛乳パック、段ボール、ペットボトルなど）や100円均一ショップで購入可能なもの（スパンコール・アイロンビーズ・プラバン・紙粘土など）を使用したりして、あまりお金をかけずに作れるとよい

> ぎゅうにゅうパックが15こ ひつようです。
> おうちにあったらもってきてください。
> よろしくおねがいします。
>
> 　　　　　小学校1年
> 　　　　　くちびる

リサイクル品の募集告知

でしょう。ただ、とくに最初の年度は材料費がかかることが想定されますので、学校の消耗品費で賄うのが難しい場合は、保護者にご協力いただき、教材費を集金する必要があります。集金する際は、通常の学級と同様に依頼文・領収書・会計報告を作成します。グループの人数や作るものにもよりますが、1人 100 〜 200 円程度で収まることが多いです。

□　品物を作る

　材料が集まったら品物を作ります。品物の個数は、グループの人数やバザールの進め方にもよりますが、前半・後半に分ける場合は1人4〜6個ずつあるとよいでしょう（前半3個、後半3個など）。また、値札や品物紹介カードに商品名を書くことから、品物は1人1種類にするなどの決まりを作ります（品物の柄や色などは変えても OK）。

　低学年や初めて参加する児童、工作が苦手な児童は、ことばの教室でまず1つ作ってみることをお勧めします。最初の1つが作り終われば手順がわかるので、残りは宿題で作ってくるようにすると、流暢性形成法や吃音理解学習などの個別指導の時間を確保できます。参加経験のある児童は「家でお父さんと作ってきたよ」と語る児童もいました。このような品物づくりを通してバザールへの期待感が高まっていきます。

キラキラ砂時計

砂がサラサラおちるように、砂の種類や、砂が通る穴の大きさを工夫したよ。

空気砲

ペットボトルの底についている風船を引っぱって、空気砲発射！的あてすると楽しいよ。

こむぎんぎん

にぎったりのばしたりすると、顔の形がかわっておもしろいよ。にぎると不思議な感触だよ。

品物の例

STEP2　値札づくり

　値札は下図のように画用紙を三つ折りにすると簡単に作れます。値札には、商品名と値段を書きます（通常価格と値下げ価格の2つを描く）。価格は低学年の児童がお釣りのやりとりで困惑しないように上限50円以内とするなど決まりをつくります。

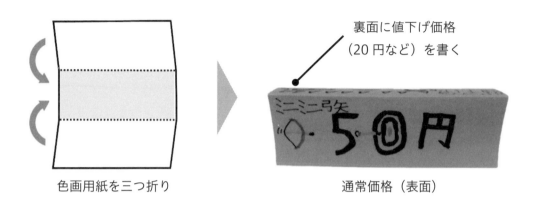

色画用紙を三つ折り　　　　　　　　　　　　　　　裏面に値下げ価格（20円など）を書く

通常価格（表面）

STEP3　やりとりの練習（初めて参加する児童向け）

　初めてバザールに参加する児童は、お店屋さん役、お客さん役になって事前にリハーサルをしておくとよいでしょう。リハーサルでは、本番で使用するおもちゃのお金（上限は200円程度）と財布を使って、教員や保護者も交えて行います。「どうやって遊ぶの？」「お勧めは？」など、想定される質問をすることで、初参加への不安感が軽減し、お店屋さんのやりとりも上手になります。

「いらっしゃいませ～」（お店屋さん）
「これかわいい！」（お客さん）
or
「どうやって遊ぶの？」（お客さん）
「……って遊びます」（お店屋さん）など

おもちゃのお金と手作りの財布

STEP4 品物紹介カードづくり

STEP3まで完了すればバザールを開催できます。STEP4・5は必須ではありませんが、STEP5まで完了すると子どもたちの気持ちも一層高まるのでお勧めです。

品物紹介カードに工夫したことやお勧めポイント、遊び方などを記載し、品物の写真と顔写真を載せます。言語化して紙にまとめておくことで、お客さんから

やきたてパンマグネット

紙粘土でやきたてパンを
作りました。新作や
限定品も作りました。
ぜひ買ってください〜
なまえ（りんごちゃん）

聞かれた時にうまく説明できるようになります。作成した品物紹介カードはSTEP5の各チームお店の看板に貼って事前に掲示しておくことで、子どもたちの気持ちも高まり、当日のやりとりも活発になることが期待されます。

STEP5 お店の看板づくり（主担当：チームリーダー）

各チームのリーダーを中心に看板をつくります。下図のように、チームメンバーの品物紹介カードを貼り、お店の名前も書きます。お店の名前は、チームリーダーが考えてもよいですが、チームメンバーから名前を募集すると、チーム意識が高まるでしょう。

赤チームのみなさんへ
お店の名前を募集します。
どしどし応募してね！
一緒にバザールを
もりあげていこう〜！

赤チームリーダー
ふじびるより

お店の名前募集

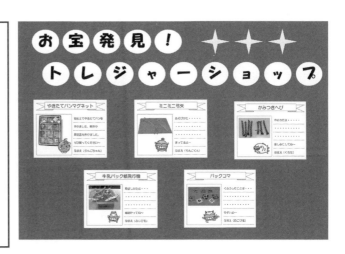

お店の看板

合同グループのみんなと仲良くなるための吃音・難聴理解学習

合同でグループ学習を行うにあたって、吃音グループの児童は難聴理解学習、難聴グループの児童は吃音理解学習を事前に行うことで、当日のやりとりがスムーズになるとともに、他者理解や障害理解の促進にもつながります。

吃音理解学習の例

読み物教材を活用した学習
（ことばの臨床教育研究会，2006）

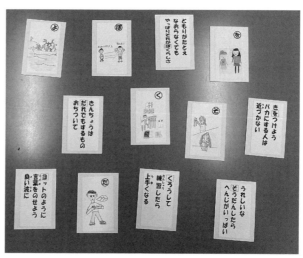

自作の吃音カルタ（87 ページ）を活用した学習

難聴理解学習の例

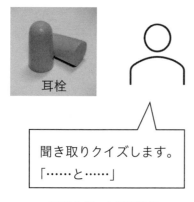

耳栓

聞き取りクイズします。
「……と……」

耳栓を使った難聴体験

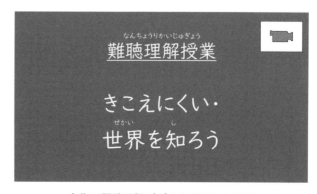

自作の難聴理解ビデオを活用した学習

（4）縦割りグループ学習〈集団・全学年〉「お楽しみバザール」

プログラム

1. はじめの言葉
2. バザールのルール説明
3. 吃音・難聴の人への配慮
4. お店のPR
5. バザール（前半）
6. バザール（後半）
7. 売上金発表
8. 感想発表
9. 先生のはなし
10. おわりの言葉

めあて

○笑顔いっぱいの楽しい会にしよう
○みんなで仲良く助け合おう

 開始前に名札を着用

係のリハーサル＆お店の準備

司会

（2人）これからお楽しみバザールをはじめます。
（金子）前半、司会担当の金子です。
（北沢）後半、司会担当の北沢です。
（2人）よろしくお願いします。

（金子）お楽しみバザールのプログラムは石原さん、深津さんを中心にみんなで協力して作りました。
はじめのことば水戸さん、
野間さん、お願いします。

ありがとうございました。

係活動

チームごとに整列してからはじめる
（会場図は50ページ を参照）

1. はじめの言葉

（2人）これからお楽しみバザールをはじめます。
（水戸）グループのみんなと仲良くして、バザールを思いきり楽しみましょう。
（野間）バザールをもりあげ、思い出に残るお楽しみバザールにしましょう。

司会

（金子）次はバザールのルール説明です。グループリーダーさん、お願いします。

- 難聴グループと合同で行う場合は、教員がスケッチブックやテレビなどで文字提示をしながら行います。

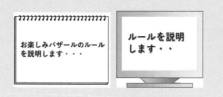

（金子）ありがとうございました。

（金子）次に、吃音グループと難聴グループから皆さんにお願いしたいことを話します。桑田さん、金子さん、土屋さん、矢沢さん、お願いします。

書いて消せる電子ボード

（金子）ありがとうございました。

係活動

2. バザールのルール説明

（赤城）お楽しみバザールのルールを説明します。チーム内で前半と後半にわかれて、お店屋さん、お客さんをやります。合図があったら 15 分で交代です。

（中本）お客さんになったらチームで全部のお店をまわります。値下げタイムになったら値段を下げてもいいです。

（田岡）何か質問はありますか？
これで説明を終わりにします。

3. 吃音・難聴の人への配慮

（桑田）今日は 難聴グループと吃音グループのみんなで一緒に活動します。そこでまず吃音グループからのお願いです。

（金子）ことばにつまっても最後まで待っててくれると嬉しいです。

（土屋）ピンクチームの人は難聴で耳が聞こえにくいです。聞こえなかった時は「もう一度言ってください」とお願いすることや筆談をお願いすることがあります。

（矢沢）耳のそばでお話すると耳が痛くなったりよく聞こえなかったりする場合もあるので、話す時は相手の顔を見て話してください。よろしくお願いします。

司会

（金子）次に、お店のＰＲタイムです。最初にチームごとに分かれて練習をします。ＰＲは赤、青、黄色、ピンク、保護者チームの順番にやります。では、お店の前に集まって練習をしましょう。

（5分練習）

赤チームは立ってください。ＰＲ部長は三井さんです。お願いします。

※チームごとに順番でPRを行う

（金子）ありがとうございました。

（金子）では、バザールをはじめます。はじめとおわりの合図でベルを鳴らします。前半、お店屋さんの人は準備をしてください。また。お客さんの人は行きたいお店を考えてチームごとに回れるようにしましょう。みなさん、準備をしてください。

係活動

4．お店のPR

赤チームの例

（三井）赤チームのお店の名前は……
（全員）お宝発見トレジャーショップです。
（三井）すてきな品物がたくさん売っています。売り切れる前に……
（全員）ぜひ買いにきてください！

景品

保護者コーナー

5・6．バザール

前半 15 分スタート♪

終了 5 分前

（笹岡）値下げタイムでーす！
※看板を持ってベルを鳴らしながら

後半 15 分スタート

終了 5 分前

（板倉）値下げタイムでーす！
※看板を持ってベルを鳴らしながら

司会

（北沢）チームごとにお店の前に集合しましょう。お金の計算を先生方（もしくは保護者）、お願いします。

その間、みなさんは感想を書いてください。

書き終わったら、各チームで 1 人ずつ発表してもらいます。

リーダーは紙と鉛筆を取りにきてください。

売上金計算と感想を書き終わったら……
（北沢）そろそろいいですか？

売上金の発表です。赤チームから順番にお願いします。※順番に発表

（北沢）今年の売上金が一番高かったチームは○○チームです。品物も全部完売したようでよかったです。

（北沢）次は感想発表です。発表はチームごとに丸くなって行い、最後に吃音グループの保護者の方（1 名）、難聴グループの保護者の方（1 名）、お願いします。

（北沢）ありがとうございました。

（北沢）次は先生のはなしです。先生方（教員 4 名）、お願いします。

係活動

7．売上金発表

（赤城）赤チームは 1380 円でした！
（鈴村）青チームは 1460 円でした！
※緑・ピンク・保護者チームも発表する

8．感想発表

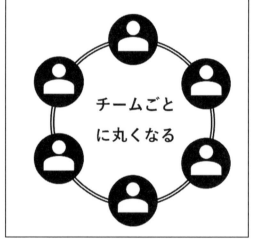

9．先生のはなし

今日の総括と各係の取組を称賛する。

司会 | 係活動

（北沢）最後におわりの言葉です。吉井さん、緑川さん、お願いします。

- 自分が買えた品物を紹介することで、終わった後に品物を作った子との交流が生まれる可能性があります。
- アドリブのセリフを加えることでセリフを見ないで言う練習にもなります。

終了後、保護者にわが子だけでなく他の子にも「〇〇がよかったよ」などと声を掛けていただくと Good ！

10．おわりの言葉

（吉井）みなさん、年に 1 度のバザールで楽しく買い物はできましたか？　ぼくは〇〇、〇〇、〇〇を買えてうれしかったです。

（緑川）時間をかけて作った品物を買ってもらえましたか？　また来年もみんなで楽しく続けたいですね。

（2 人）これでお楽しみバザールを終わりにします。気をつけて帰りましょう！

よいお年を〜（手を振りながら）

COLUMN　中高生以上の心理支援：セルフヘルプを例にして

　中高生以上の吃音のある人の心理支援の 1 つとしては、セルフヘルプグループ（自助グループ）によるピアサポートが有効です。代表的な団体としては言友会があり、全国的に活動が行われています。そこでのピアの交流は本書で示しているようなグループ学習とも重なる点が多くあり、ピアサポートは小学生以降も必要な心理的サポートの 1 つであるといえるでしょう。

　ことばの教室では吃音の自助グループと連携している場合もあります。ゲストスピーカとして吃音のある方を招いたり、保護者会の講師として参加してもらう場合もあり、大人になってからのイメージを子どもたちや保護者の方にもってもらうことができたりと、様々な可能性があります。

子どもたちの感想

3年・男子
ひさしぶりのバザールだったけど、すごく楽しかったです。はじめのことばもうまくできたのでよかったです。なによりも自分が作ったのがたくさんうれてよかったです。

5年・女子（難聴グループ）
チームの皆でお店の人やお客さんで一緒にまわって楽しかったです。係のバザールの説明や難聴の人への配慮は緊張したけど、大きな声、読むスピードや発音に気を付けて話すことができました。折角買った物なので、ぜひ家で使いたいです。

保護者の感想

いつもは時間割が近い児童を見かけるだけで、子ども同士も話すことはないので、交流として緊張しながらも同じグループの児童と話せてよかったと思います。高学年の児童は長く通っているのか、大きな声でゆっくりと発表しているのが印象的でした。人前で発表するのは嫌なものですが、みんな同じという安心感がよいのか、素晴らしい進行でした。

（5）事後学習〈個別・全学年〉

グループ学習の振り返り　⇒　46 ページ参照

◆　どんな品物を買ったか？

◆　売れ行きはどうだったか？

◆　チームの友だちとのかかわりは？

◆　難聴グループの友だちとのかかわりは？

◆　各係の取組は？　など

間接交流

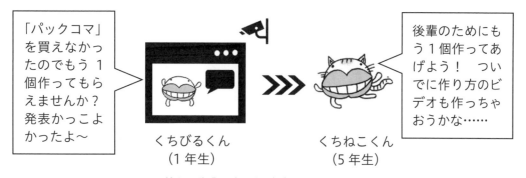

憧れの先輩へ向けたビデオレターの作成

🏫 3学期「6年生を送る会」

ねらい

○ これまでの学習を振り返り下級生に向けた思いを表現できる。（卒業生）

○ お世話になった卒業生に感謝の気持ちを表現できる。（下級生）

○ 仲間と過ごす大切さを感じながら、チームで協力して楽しく活動する。

スケジュール（例）

12月上旬　　1．指導案の作成　　　　　　　　　　　　　➡ 67〜68 ページ

1月上旬　　2．企画会議　 小集団 　 4〜5年生 　　　　➡ 69〜71 ページ

1月中旬〜　3．事前学習　 個別 　 全学年 　　　　　　➡ 72〜75 ページ
3月中旬

3月中旬　　4．縦割りグループ学習　 集団 　 全学年 　　➡ 76〜80 ページ

3月下旬　　5．事後学習　 個別 　 全学年 　　　　　　➡ 81 ページ

> **POINT**
>
> ● 6年生にとって集大成の学習になります。これまでの学習を振り返り、お世話になった人や後輩へのメッセージを作成する中で、吃音をどう捉えるかといった自分なりの吃音観についてもまとめられるとよいでしょう。
> ● 5年生のチームリーダーが企画をすることで、次期グループリーダーとしての自覚・責任感が芽生えていきます。リーダーの姿が下級生のロールモデル（こうなりたい理想の姿）となり、共に成長していくことが期待されます。

（1）指導案

指導案打ち合わせ　12 月上旬　場所：職員室　参加者：教員 4 名（主担当　小川先生）

吃音グループ学習「6 年生を送る会」学習指導案（略案）

1．**日時**　　○○年 3 月 19 日（木）　15：30 ～ 17：00

2．**場所**　　ことばの教室プレイルーム

3．**対象**　　吃音グループの児童 15 名（うち 6 年生 2 名）

4．**目標**　　・下級生に向けて自分の思いを伝えることができる。（卒業生）

　　　　　　・お世話になった卒業生に感謝の気持ちを伝えることができる。（下級生）

　　　　　　・仲間と過ごす大切さを感じながら、チームで協力して楽しく活動する。

5．**展開**

時間	学習内容・活動	・指導上の留意点及び配慮事項　　◇評価
15:00	係ごとにリハーサル	・各係でリハーサルを十分にしてから本番に臨む。 ・卒業生は指導室で待機する
15:30	司会（5 年ペア）卒業生入場	・チームごとに整列し、司会の号令ではじめる。 ・卒業生を拍手で迎え、卒業生は前の椅子に座る。
15:35	はじめの言葉 （1・4 年　ペア）	・卒業生が晴れやかな気持ちで卒業できるようにチームで協力することを伝える。
15:40	ゲーム（2・4 年ペア）	・低学年でも楽しめるゲーム内容にする。 ・個別学習で内容やルールを確認し、事前に練習してから臨めるようにする。 ◇チームで協力して楽しく活動できる。
めあて ・6 年生に感謝の気持ちを伝えよう ・吃音グループの仲間と協力して楽しい会にしよう		
16:00	コントコーナー （1・3 年ペア）	・楽に話しやすいようにリズムネタを取り入れる。 ◇身振り手振りを使いながらネタを披露できる。
16:10	在校生から ・送る言葉（5 年生）	・送る言葉（手紙）、プレゼント（メダル）、アルバムの順に渡すようにする。

	・プレゼント（1年生） ・アルバム（4年生）	・6年生が所属する赤→青チームの順に行う。 ◇6年生に感謝の気持ちを伝えることができる。
16:20	卒業生からのメッセージ （6年生2名）	・児童の様子を見ながら担当教員がパワーポイントのスライドをめくるようにする。 ◇下級生に自分の思いを伝えることができる。
16:30	保護者のメッセージ ・在校生（5年保護者） ・卒業生（6年保護者）	・在校生代表の保護者から卒業生とその保護者に向けてお祝いの言葉を伝えていただく。 ・卒業生の保護者からもメッセージをいただく。
16:40	写真撮影 歌（指揮：4年生）	・卒業生が真ん中に座って全員で記念撮影をする。 ・写真撮影の隊形のままビリーブの替え歌を歌う。
16:50	先生のはなし	・これまでの活動を振り返り、将来に希望をもてるような励ましのメッセージを伝える。
16:55	おわりの言葉（5年ペア） 卒業生退場	・会全体を振り返る言葉を添えて発表する。 ・在校生でアーチを作り、卒業生を送り出す。 ・在校生に感想用紙を渡し、新年度に持ってくるように伝える。

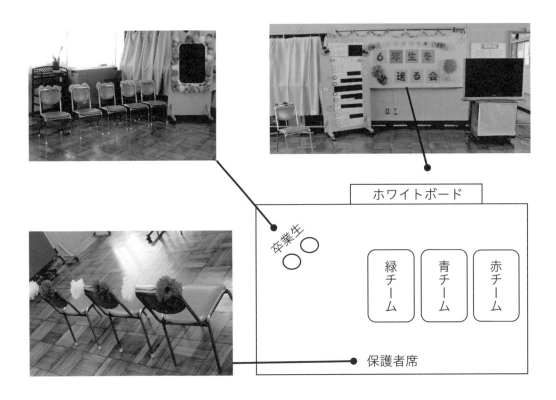

ホワイトボード

卒業生

緑チーム　青チーム　赤チーム

保護者席

（2）企画会議

参加メンバー：吃音グループの 5 年生
3 名、教員 4 名

吃音グループ企画会議「6 年生を送る会」学習指導案（略案）

1．日時　　○○年 1 月 9 日（火）　16：15 〜 17：00

2．場所　　第○指導室

3．対象　　5 年生のチームリーダー 4 名、4 年生 2 名

4．目標　　・みんなの思い出に残る「6 年生を送る会」を計画する。

　　　　　・話し合い活動を通して、コミュニケーション力を高める。

　　　　　・次期リーダーとしての自覚をもつ。

5．展開

時間	学習内容・活動	・指導上の留意点及び配慮事項　　◇評価
16:15	はじめの挨拶（5 年） 本時のめあて・学習内容、リーダーの役割を知る	・企画会議がはじまる前に冬休みの思い出を話すなどして、話しやすい雰囲気づくりをする。 ・学習内容を伝えて見通しをもてるようにする。 ・リーダーの役割（まとめ役・サポートなど）を伝え、役割意識をもてるようにする。 ◇吃音グループのリーダーとしての自覚をもてる。
めあて ・友だちの話をきいたり、自分の考えや意見を話したりしよう ・みんなの思い出に残る「6 年生を送る会」を計画しよう		
16:20	お楽しみバザールの振り返り	・当日の写真を貼ったプログラムを見せながら、バザールの振り返りをし、来年はこのメンバーがリーダーになることを伝える。
16:25	リーダーの役割について 6 年生を送る会の計画を立てる（めあて・ゲームなど）	・これまでのリーダーの姿を思い出してリーダーに求められることを考えるようにする。 ・意見があまり出てこない時は、付箋を配布して各自で考える時間を設けたり、昨年度の「めあて」を見せたりする。 ◇自分の意見を伝えることができる。 ◇みんなの思い出に残る「6 年生を送る会」を計画することができる。

| 16:40 | ビデオレター撮影
・読む箇所を決める
・リハーサルをする | ・ビデオレターの台本に「めあて」を書き足し、読む箇所の分担を決める。
・読む順番に横1列に並び、セリフが書かれたスケッチブックを教員がめくるなどして、誰がどこを読めばよいかわかるようにする。
・「笑顔で」「前を向いて」など、流暢さではなく非言語コミュニケーションの大切さを伝える。
◇自分なりの話し方でセリフを読むことができる。 |
| 16:55 | 先生のはなし（小川先生）
おわりの挨拶（4年） | ・本時の総括と良かったところを称賛する。 |

ビデオレターの台本

（みんなで）みなさん　こんにちは！

赤チームリーダーの○○です。青チームリーダーの○○です。緑チームリーダーの○○です。4年生の○○です。○○です。

（みんなで）よろしくお願いします。

①6年生を送る会の計画は、わたしたちが決めてお知らせします。

②みんなにも係の仕事を頼みたいと思います。

③6年生を送る会についてお知らせします。

④3月19日（木）15：30からことばの教室プレイルームで行います。

⑤6年生を送る会のめあては……

　（みんなで）　めあてを言う

⑥6年生が楽しめるように準備や練習をがんばっていきましょう

（みんなで）バイバーイ 👋

吃音 4・5 年グループ企画会議「6 年生を送る会」に向けて

名前　（　　　　　　　　　）

```
今日の学習内容
1.　お楽しみバザールの振り返り
2.　「6 年生を送る会」めあて決め
3.　リーダーの役割（やくわり）について
4.　ビデオレター撮影（さつえい）
```

今日のめあて

① 　友だちの話をきいたり自分の考えや意見を話したりしよう
② 　みんなの思い出に残る「6 年生を送る会」を計画しよう

話し合いのルール

- 　手をあげてから発言する
- 　わからない時は質問する

```
★リーダーの役割
```

```
★感想
```

次回の個別学習で、担当の先生へ提出しましょう。

(3) 事前学習〈個別・全学年〉

1 〜 5 年生の事前学習 ⇒ 37 〜 39 ページ参照

6 年生の事前学習

　これまで学習したことを振り返り、6 年生を送る会で発表するスライドを作ります。卒業間近の時期は、思春期で保護者が同席していると作りにくいと感じる児童もいるため、作成中は別室で待機していただき、当日のサプライズにします。グループ学習当日は 6 年生の保護者にもメッセージを話していただくため、別室で待機中に原稿作成を依頼するとよいでしょう。

　スライドには、6 年生が伝えたい内容や思いを尊重しながら、「ことばの教室で学んだこと」「在籍校でのこと」「後輩へ向けてのメッセージ」「親への感謝の気持ち」「将来の夢」などを盛り込んでいきます。パワーポイントの操作に慣れていないことも多いので、まずは原稿用紙にまとめ、スライド作りは教員がサポートしながら行うとよいでしょう。作成後は、39 ページのようにスモールステップで発表の練習をします。当日は卒業生の入場・退場など普段のグループ学習とは異なる動きも入るため、6 年生全員で集まる日を設け、入退場やセリフ練習なども行うとよいです。

ぼくは　1 年生からかよいはじめました。とうじのことはあまりよくおぼえていないけれど・・　1	同学年（どうがくねん）の〇〇くんとはよくふざけていて〇〇先生におこられました。　2	ふざけるのも楽（たの）しい思い出（おもいで）ですが、あこがれのせんぱいもいました。　3	そのせんぱいは優（やさ）しくて話し方（はなしかた）が上手（じょうず）で、工作（こうさく）がとくいで、バザールではビー玉（だま）迷路（めいろ）を作って（つくって）いました。　4
その　ビー玉迷路は今でも　大事（だいじ）にしています。それがきっかけで何度（なんど）も作（つく）ってバザールで売りました。　5	ぼくのことばがつまったとき先輩（せんぱい）はとなりでサポートをしてくれました。　6	このできごとがあったので「せんぱいのようなリーダーになりたい。」という目標（もくひょう）ができました。　7	その　おかげで今（いま）の自分（じぶん）がいるんだなあと感（かん）じます。　8
個別学習（こべつがくしゅう）では、音読（おんどく）やグループ学習（がくしゅう）の練習等（れんしゅうなど）をしました。　9	また、習（なら）った事（こと）を、生（い）かしていこうと放送委員（ほうそういいん）の活動（かつどう）で全校児童（ぜんこうじどう）に分かるように心（こころ）をこめて伝（つた）えました。　10	特（とく）に運動会（うんどうかい）のリレーを実況（じっきょう）をした時は、目の前（まえ）の事（こと）を台本無（だいほんな）して伝（つた）えました。我（われ）ながら良（よ）くやったと思いました。　11	話（はなし）をする時（とき）に気（き）を付（つ）けている事（こと）はゆっくりと丁寧（ていねい）に話（はな）す事（こと）です。　12

特（とく）に
楽（たの）しい
気持（きも）ちの
時（とき）は
話（はな）しやすく
感（かん）じています。
13

天候（てんこう）が
変（か）わるように
心にも
晴（は）れや
曇（くも）りの日（ひ）が
あります。
そんな時（とき）こそ
14

「もう、いいか」
15

ではなくて・・・
「ま、いいか」
と思（おも）う事（こと）も
大事（だいじ）だと
思（おも）います。
16

毎回（まいかい）の通級
（つうきゅう）には、
おばあちゃんに
お世話（せわ）になりました。
来（く）る 途中（とちゅう）に
いろんな話をしたのは
よい思い出です。
ありがとうございました。
17

ぼくにとって
ことばの教室（きょうしつ）は
気持（きも）ちの
拠（よ）り所（どころ）でした。
休（やす）まず通（かよ）えたのは
家族（かぞく）や、
学校（がっこう）の先生
友達（ともだち）のおかげです。
ありがとうございました。
18

また、ここまで
これたのも
先生方や
皆（みな）さんの
おかげです。
感謝（かんしゃ）
しています。
19

さいごに・・・（アドリブ）
皆（みな）さんも、
自信（じしん）をもって
頑張（がんば）ってください。
ありがとうございました。
中学校に行ってもがんばります！！
20

ぼくは
１年生のときから
ことばの教室に
かよいはじめました。
1

しょうがくせいに
なるまえは、
〇〇のきょういく
そうだんしつに
いっていました。
2

ゆっくり、
やわらかいこえで
おんどくや
かいわをする
がくしゅうなどを
してきました。
3

また、
がくしゅうとはべつに
じぶんのすきなこと
について
じゆうなかいわも
しました。
4

せんせいと
はなしをすると、
ちゃんと
きいてくれたので
とてもたのしかったです。
5

また、ぼくのなかで
ことばの教室は
ゆいいつのいきぬき
でした。
学校のじゅぎょうより
こっちにいる方が
楽しかったです。
6

グループがくしゅうでは
えだまめをつくって
みんなでたべた
しゅうかくさいや
7

おたのしみバザールなど
いろいろながくしゅうを
してきました。
8

じぶんが
リーダーになってから、
こうはいのせいちょうが
たのしみでした。
9

いま、ちゅうがく
３ねんせいの
〇〇くんと〇〇くんが
リーダーのときは
したしみやすい
せんぱいでした。
10

〇〇くんが
みらくるワークで
〇〇しょうにきていました。
ぐうぜん
ろうかであったとき
〇〇くんもきづいて
あいさつしてくれました。
11

〇〇くんが
〇〇ちゅうがっこう
だったこと
ひさしぶりに
あったことに
おどろきました。
12

ぼくは、
きつおんということを
まわりのみんなに
いっていました。
きんじょにすむひとも
しっています。
がっこうのともだちも
みんなしっています。
13

もとから
みんなにいわない
というかんがえが
まったく
ありませんでした。
14

みんなが
しっているほうが
きつおんがあっても
あんしんして
はっぴょうなどが
できるとおもいます。
15

いいにくいときでも
ぼくのクラスのみんなは
いつも
まってくれるので
はなしやすいです。
16

ともだちから
「XXのいいところは
　さいごまで
　いうところだね。」と
よくいわれるきがします。
こういうともだちが
XXしょうには
たくさんいます。
17

さいごに・・・
ぼくは６ねんかん
ことばのきょうしつに
かよいました。
ここでべんきょう
できたことは
しあわせなことです。
18

みなさんもがんばって
たのしくかよってください。
どうぞおうちのかたも
ちゃんと
ことばのきょうしつに
つれていってあげてください。
よろしくおねがいします。
19

最後に…
みなさんのおかげで
楽しくすごすことができました。
ありがとうございました。
中学校に行ってもがんばります！！

ことばの教室　卒業式

20YY 年

　これまで、○○の吃音に付き合ってきて、私が感じたことを話したいと思います。○○はまだ、言葉にならない前から吃音でした。初めての子でしたので、皆、しゃべり始めは宇宙語みたいなのかな、なんて気にとめもしませんでしたが、保育園の園長先生に指摘され、初めて気が付きました。保育園では、しゃべり始めから吃音でしたので、まわりの友だちも、吃音を含めてそれが○○と受け入れてくれていて、何も問題はなく、○○もひとと違うと思うこともなかったようです。

　小学校に入学し、はじめて会う友だちや学童の上級生にとって吃音はやはり気になるのでしょう。小学校では、「言葉が止まっているよ」とからかわれたり、「病院に行った方がよいよ」など、言われたようです。私自身、○○の吃音は個性くらいにしかとらえていなく、○○はいつも笑顔で人懐っこく、友人も多く、吃音についてそんなに悩んでいるとは思いませんでした。

　小学校入学後、自分からことばの教室の先生に相談したい、と言いだし先生にお会いしました。2 年生になると吃音と同時に体を動かして話すようになり、また、授業で挙手して皆の前で話すのを嫌がるようになり、またことばの教室に行きたいと言い出し、先生にお会いしました。

　そして、3 年生から通うようになり、6 年までの 4 年間、□□先生にお世話になりました。気にかけていたのは、吃音は背が高い、太っていると同じように、○○の個性であり、隠すことではなく、そのまま受け入れて生きてほしい、と思っていたことです。しかし、時々○○に言われます。「ママにはわからないだろうけど、吃音があるだけで僕は大変なんだ」と。

　真面目に言葉の練習をするわけでもなく、体調によっては吃音の状態に波がありました。私がよくなったな、と感じていても、○○本人はとても気にしている様子でした。ある時、音読の練習をしている時、「息を吐きながら、力をぬいて話した方がよいのでは？」と言うと、「ママはわかってないな。僕はこうした方がしゃべりやすいのだよ」と、自分の方法を教えてくれました。ことばの教室で学んだことが、ちゃんと自然に日々の生活に溶け込んで身についているのだと、嬉しくなりました。

　6 年生になり、最上級生として全校生徒の前でしゃべる機会も増え、初めは、ずる休みをして逃げ出そうとしましたが、□□先生の一言で勇気をもらい、克服することができました。

　少しずつですが、自信がもてるようになり、6 年生のある夏の日、「最近、言葉がつま

らなくなった」と初めてうれしいことを言ってくれました。先日、ふとした会話の中で「小学校は吃音を頑張った。中学校では少し勉強を頑張る」と。
○○にとって、吃音は私が思っている以上に大きな壁であったのだなと。○○にとって、吃音は治ったというのではなく、吃音と向き合い、自分なりの対処法を身につけ、吃音のある自分を受け入れ、自信がもてるようになり、生きやすくなったのだと思っています。

　ことばの教室では、ことばがスムーズに出る方法など具体的に教えていただき、日常生活に取り入れ、自信をもつことができ、感謝でいっぱいです。生きていくために、道をつくり、送り出してくださったと思っています。しかし、それ以上にことばの教室で得たものは多く、仲間そして先生に出会えたことです。□□先生には、一貫して 4 年間お世話になりました。授業の半分以上は○○の日常のたわいない話、親子のやりとりを、絶妙な合いの手を入れながら優しいまなざしで聞いてくださいました。たぶん、その会話から○○の体調、吃音の状態を見てくださったのだと思います。私が怒りそうになる時も、□□先生は決して怒ることなく、○○と向き合い、○○の気持ちを引き出して説明し、導いてくださいました。

　毎回、帰りの車の中で、「□□先生に会うとほっとするよね。いいよね」とほのぼのした気持ちで家路につきます。そんな 4 年間を過ごし、□□先生はもちろん尊敬する先生ですが、それ以上に○○にとっては、家族以外で吃音を含めて○○自身を受け入れてくれる、かけがえのない人に出会うことができ、○○の心のよりどころになったのだと思います。

　4 年間、先生達と交わしたノートはもうすぐ 1 冊が終わろうとしています。時々、書くことの課題を見つけるのが大変な時もありましたが、□□先生は毎回、○○の良い所を見つけて書いてくださり、暖かい目で見守ってくれていました。このノートも私達の宝物です。

△△くん、○○、卒業おめでとう。
ここで得たことは、忘れないでね。
嫌なことがあったと思いますが、味方もいることを忘れないでね。
△△くんは……（中略）。
○○は……（中略）。
自慢できる長所があることを忘れないでね。
ことばの教室で得たことは、生きるかてになると思います。
将来、別のことで悩んだ時、吃音で自信ができるまで向き合ったことを思い出し、勇気をもち、前進できることを願っています。

○○の母より

（4）縦割りグループ学習〈集団・全学年〉「6年生を送る会」

プログラム

1. はじめの言葉
2. ゲーム
3. コントコーナー
4. 在校生からのメッセージ
5. 卒業生からのメッセージ
6. 保護者からのメッセージ
7. 写真撮影
8. 歌
9. 先生のはなし
10. おわりの言葉

めあて

○6年生に感謝の気持ちを伝えよう
○みんなで協力して思い出に残る楽しい会にしよう

 開始前に名札を着用

係のリハーサル

司会

（2人）これから6年生を送る会はじめます。
（鈴村）司会の鈴村です。
（土田）土田です。
（2人）よろしくお願いします。
（鈴村）6年生が入場します。拍手で迎えましょう。

（土田）はじめのことば桑田さん、
笹岡さん、お願いします。

ありがとうございました。

係活動

6年生が在校生の間を歩いて入場
6年生の席につく⇒68ページ（座席）

1. はじめの言葉

（笹岡）今日は6年生と最後のグループ学習です。
（桑田）みんなでありがとうの気持ちを伝えましょう。そして、楽しく過ごしましょう。
（2人）これから6年生を送る会をはじめます。

司会 | 係活動

（鈴村）次はゲームをします。
大宮さん、桑田さん、お願いします。

- 事前に 6 年生にやりたいゲームについてアンケートをとるとよいでしょう。
- 思い出に残っているゲームをすることで 6 年生の気持ちも盛り上がります。

2. ゲーム ピッチングスナイパー
（104 ページ参照）

（鈴村）ありがとうございました。

（土田）次はコントコーナーです。
原山さん、吉井さん、お願いします。

吃音が軽減する条件（Andrews et al. 1983）を応用し、リズムネタや身体の動きを使ったネタをすることで吃音のある子でも楽に話しやすくなります。

3. コントコーナー
（105 ページ参照）

（土田）ありがとうございました。

次は、在校生からのメッセージです。
送ることば、プレゼント、アルバムの担当の人は前に出てきてください。

4. 在校生からのメッセージ

送ることば担当
→ 感謝の手紙を読んで渡す
プレゼント担当
→ 一言添えてメダルを首にかける
アルバム担当
→ 一言添えてアルバムを首にかける

司会	係活動

（鈴村）次は卒業生からのメッセージです。
〇〇さん、お願いします。

※１人ずつ順番に発表

（鈴村）ありがとうございました。

5. 卒業生からのメッセージ （72 ～ 73 ページ参照）

（土田）次は保護者からのメッセージです。
在校生の清水さんのお母さん、卒業生の保護者の方々、お願いします。

（土田）ありがとうございました。

6. 保護者からのメッセージ （74 ～ 75 ページ参照）

7. 写真撮影

（鈴村）みんなで記念撮影をします。
卒業生は真ん中の椅子に座って、在校生は
その周りに立って並びましょう。
※撮影後、教員が印刷をして卒業生に渡せ
　るようにする。

（土田）次はみんなで歌を歌います。
指揮者の金子さん、お願いします。

- リズムや歌詞がわからないこともある
　ので事前に練習をしておきます。
- 指揮に合わせて歌います。

（土田）ありがとうございました。

8. 歌 （ビリーブの替え歌を歌う）

（金子）６年生を気持ちよく送り出せ
るように、みんなで元気に歌いましょ
う。

司会

（鈴村）次は先生のはなしです。先生方（教員 4 名）、お願いします。

（鈴村）ありがとうございました。

（土田）最後におわりのことばです。
清水さん、塩崎さん、お願いします。

- 在校生に感想文を渡し新学期に持ってくるように伝える。
- 卒業生は別室に移動する。

係活動

9. 先生のはなし

今日の総括と各係の取組を称賛し、6 年生に向けてのメッセージを話す。

10. おわりの言葉

（清水）6 年生の皆さん、卒業おめでとうございます。今までぼくたちのサポートをしてくれてありがとうございました。
（塩崎）これからは、私たちが吃音グループをまとめていきます。6 年生の皆さんもまたことばの教室に遊びに来てください。
（2 人）みんなでアーチを作って 6 年生を送り出しましょう！
※6 年生がアーチをくぐる
（全員）おめでとう〜

COLUMN　ことばの教室と医療機関における吃音指導

　病院などの医療機関には言語聴覚療法に関する専門知識を有した言語聴覚士が在籍しており、吃音に対する支援指導が行われています。しかし、家庭の事情や病院の都合などで頻繁な指導が難しいことがあり、月に 1 〜 2 回程度の来院が多いものと思われます。一方でことばの教室では、指導の頻度を確保できたり、学校システムの中で実施できるため、通常学級の教員や保護者とのチームとして情報共有や意見交換が行えるといった利点があります。教育と医療のそれぞれのよさをいかして連携を図れることが望ましいと思われます。

子どもたちの感想

4年生・男子
○○くんが長い文を1人で読んでいてすごいと思いました。ぼくならぜったいできないので、ぼくも練習しておきたいです。
○○くんがとってもやさしい兄さんなのに6年生でいなくなってしまうと、さみしいです。

6年生・男子
ぼくは、みんながぼくのためにメダルを作ってくれたり、言葉を言ってくれたことが本当にうれしかったです。また、一生懸命言葉を言っている姿に感動しました。コントも考える時間が少なかったと思うけれど、相しょうが良くておもしろかったです。
ぼくは、みんなに支えられているから、1年間やってこれたのだと思いました。なので、皆さんもきつ音が出て苦しかったり悩むこともあるかと思いますが、サポートしてくださる方に感謝し、頑張ってください。

保護者の感想

6年生の○○君は小学生とは思えないくらい落ち着いていて、堂々とスピーチする姿がとても素敵でした。スピーチだけでなく、送る側である在校生たちの言葉やプレゼントなど、1つ1つ丁寧にありがとうと答えているのもとても印象的で、我が子もこんな優しいお兄さんに成長してくれたらいいな……と思いました。

（5）事後学習〈個別・全学年〉

在校生 ⇒ **振り返り（46 ページ参照）は新学期に実施**

- ◆　各係の取組は？
- ◆　6 年生のメッセージを聞いて印象に残ったことは？
- ◆　チームの友だちとのかかわりは？　など

卒業生 ⇒ **振り返りはグループ学習終了後に別室で実施**

- ◆　別室で待機中に「ことばの教室に通ってみての感想」を記入する
- ◆　教員から全体の場では話せなかった思いを伝える
- ◆　卒業後もグループ学習やゲストティーチャーとして来てほしいことを伝える
- ◆　記念撮影で撮った写真をアルバムの最後のページに貼る　など

COLUMN　　　　　　　　　　**最近の有名人と吃音**

　2021 年に米国大統領に就任したジョー・バイデンは吃音があることを公表していますが、Stuttering Foundation という米国の団体のウェブサイト（https://www.stutteringhelp.org）に特集されており、「あなたは何も恥じることはないし、誇りに思うべき理由がある（著者訳）」と吃音のある人に向けたメッセージを残しています。Stuttering Foundation では定期的に発行物を出していますが、たとえば 2021 年夏のレターでは、シンガーソングライターのエド・シーランが表紙を飾り、特集記事が書かれています。有名人が吃音があることを公表することで、一般社会にとっても吃音が身近なものとして感じられ、吃音の当事者や支援者にとってもエールとなるでしょう。

事例紹介：6年間のグループ学習を
通した児童の変容

低学年期	〈キーワード：受信・安心感・モデル像〉 ・新しい環境に対して不安な気持ちがあったが、**先輩から励ましのビデオレター**をもらうことで、**安心してグループ学習に参加**することができた。 ・グループ学習当日は、先輩の発表する姿をみて、「つっかえているけど、最後まできちんと伝えようとしていてすごいな。ぼくも先輩みたいになりたいな」と担当教員に話していた。**話し手としてのモデル像を形成**した。
中学年期	〈キーワード：仲間意識・挑戦・成功体験〉 ・吃音グループの仲間とのかかわり合いが増え、ビデオクイズなどを通じて仲間との**間接的なやりとりを楽しむ**中で、仲間と一緒に**司会役に挑戦**した。 ・ことばの教室での**成功体験が自信**となり、在籍校でも音読発表会で1人読みをしたり、代表委員に立候補したりするなど、チャレンジする姿がみられるようになった。
高学年期	〈キーワード：ピアサポート・吃音観・自己実現〉 ・吃音グループリーダーとしてグループ学習の企画・運営を担った。後輩の係を推薦したり、初めて係を担当する後輩に向けて手紙を送ったりするなど積極的に発信する姿が多くみられた。**後輩のサポート役**として活躍の場を広げた。 新しい仲間も安心して参加できるようにゲームは低学年でもわかりやすいルールがいいね！ ○○くんは司会になったら最後まで頑張れると思う。推薦しよう！ みんなの成長が嬉しい。歴代のリーダーの思いを伝えられるリーダーを目指したい！　ことばの教室は安心して挑戦できるところだから、いろんな経験をして自信をつけてほしい。 ぼくたちがサポートするから失敗しても大丈夫！ ・後輩から吃音のからかいに関する**悩み相談**を受け、**「悩み相談ポスト」の設置を考案**した。ポストに手紙が入っていると、高学年児童で解決法やアドバイスなどを話し合った。自分のこれまでの経験・考えを省察し、コーピングを考える中で、**自分なりの吃音観**を語るようになった。 吃音でからかわれて嫌な思いをしたら相手に嫌だと言う。そうするのも頑張るうちの1つだと思います。吃音を隠すのは自分に嘘をつくことなんじゃないかな。 ・サポートをした**後輩の挑戦・成長する姿**をみて「**自分も挑戦しよう**」という意欲が増した。音読発表会で劇役に立候補したり、電車で席を譲るため見知らぬ人に声掛けをしたりするなど、**将来の自己実現**に向けて、**自己選択・決定をして自分の可能性を広げていこうとする姿**がみられるようになった。

　本児童はグループ学習以外にも、個別指導で流暢性形成指導を進め、吃音の重症度は重度から軽度に改善しました。また、吃音観（吃音の捉え方）にも変化がみられ、低学

年期に抱いた話し手としてのモデル像を目指して、中学年期には司会役や在籍校の代表委員に立候補する姿もみられるようになりました。高学年期には、吃音グループリーダーとして、同学年児童と協力して下級生のサポートをしたり、悩み相談に応じたりする中で、自己理解・他者理解が深まりました。そして、卒業時には「周りの人に理解してもらうには、吃音を隠さずにオープンにすること」という吃音観を語るようになりました。6 年間の通級を通して、社会生活で自己選択・自己決定をして、自分の可能性を広げていこうとする生きる力の育成につながったのではないかと考えられます。

　本児童の成長に伴い母親の吃音問題も次第に小さくなり、「嫌な思いをさせたくないという考えが成長のチャンスを奪っていたのですね。成長していたのですね」など、親としての吃音観も変容していきました。また、吃音のある保護者が集う保護者学習会では、これまでの経験をもとに、新しく通級を開始した保護者の相談役としてアドバイスをされるなど、保護者間で支え合い・学び合う姿もみられるようになりました。

吃音保護者学習会での親子の 1 コマ
〜高校生になった今感じること〜

（本人：高校生）「自己紹介で吃音のことを言う言わないは、その人の判断に委ねるのがいいかな。私は言って正解だった。迷っているなら言っちゃったほうが楽。それでも言うのを躊躇するのであれば言わなくてもいいのかも。あとは本人に任せる。」
「英検の面接でリーディングの試験があり、スラスラと読まなくてはいけないのかと思っていた。結構、ゆっくりでも大丈夫だった。むしろスラスラ読んで最後の複数形の s を抜かすほうが減点されるらしい。ゆっくり読んだ方が言いやすいし、ちゃんと言える。」
（母親）「ことばの教室で 6 年間やってきたことの積み重ねは大きいと思う。話す速度をゆっくりにして調整する練習もしたし、ことばの出だしを軟らかくして入るなども記憶に残っている。本人はもう忘れていると思うが、それは多分もう身に付いちゃってるんだと私は思います。それ以外に精神的なものも大きかったと思う。ことばの教室では成功体験がすごく印象的だった。通うと通わないのは絶対違う。物理的にチャンスがあるなら通った方がいいと思う。卒業後も縦・横のつながりを大事にしたい。」

---

⑥ 吃音理解学習〈小集団・高学年〉

ねらい

○　吃音について考え、自己理解を深める。

○　話し合い活動を通して、他者理解を深める。

学習内容の例

1．読み物教材を活用した吃音理解学習 　 個別 小集団 高学年 ➡ 85-86 ページ

2．吃音カルタ 　 個別 小集団 全学年 ➡ 87-95 ページ

3．悩み相談ポスト 　 個別 小集団 全学年 ➡ 96-97 ページ

4．吃音六面体 　 個別 小集団 高学年 ➡ 98-100 ページ

POINT

- 吃音理解学習では、吃音について考える中で自己理解を深めたり、小集団での話し合い活動を通して他者理解を深めたりすることを主なねらいとします。

- 様々な学習内容が考えられますが、ここでは個別でも小集団でも実践可能な4つの学習内容を紹介します。児童の認知発達や吃音の捉え方などをもとに学習形態・内容を構成していくとよいでしょう。

- この他にも、「不安や緊張との向き合い方（初めてグループ学習に参加した時の気持ちなど）」「吃音のない友だちは吃音をどう思っているか」「ゲストティーチャー（吃音のある成人）を招聘しての理解学習」なども行っていました。

（1）読み物教材を活用した吃音理解学習

『どもるってどんなこと』（ことばの臨床教育研究会，2006）を活用した吃音理解学習を紹介します。吃音に関する正しい知識を知ることで、自己理解の深まりや不安の軽減などに寄与することが期待されます。小集団で行う場合は、事前に個別学習で「自分の吃音のタイプ」「吃音の原因」「吃音があって困ること」「吃音に対して何ができるか（ことばの教室で学習してきたことなど）」「吃音がある人はどんな仕事をしているか」などについて整理してから臨むと、主体的・対話的で深い学び（文部科学省，2016）の実現につながるでしょう。

『どもるってどんなこと』

板書例

板書（左側）

1. 吃音について知ろう
2. 自分ができることは何か考えよう。
3. まとめ、ふり返りをしよう。

めあて
● 先生や友達の話を聞き、吃音について考えよう。
● 考えたことや思ったことを話そう。

吃音のタイプ

つまり「・・・っぼくね」　　ひき伸ばし「ぼーっくね」

くりかえし「ぼっぼっぼ　ぼくね」

随伴症状（ずいはんしょうじょう）
首をふる
目をパチパチする
足をふみならす

吃音の波

調子の良い時
悪い時の波がある
みんなで読む、けんか、歌
季節・体調・場面
ことば・相手・緊張
人によってさまざま

出る
きんちょう
学芸会
電話
インターホン
いやな人
場面
言おうとして
たまらない！

出ない
けんか
友達
英語
リラックス
仲良し
場面
緊張しない
歌
一人言

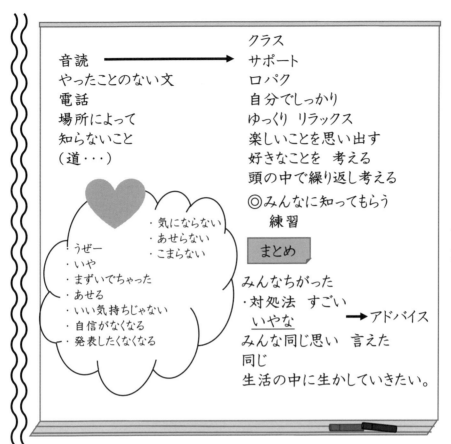

板書（右側）

音読 ⟶ クラス
やったことのない文　　　サポート
電話　　　　　　　　　　ロパク
場所によって　　　　　　自分でしっかり
知らないこと　　　　　　ゆっくり　リラックス
（道・・・）　　　　　　楽しいことを思い出す
　　　　　　　　　　　　好きなことを　考える
　　　　　　　　　　　　頭の中で繰り返し考える
　　　　　　　　　　　　◎みんなに知ってもらう
・気にならない　　　　　　　練習
・あせらない
・こまらない　　　　　　　まとめ
・うぜー
・いや
・まずいでちゃった　　　みんなちがった
・あせる　　　　　　　　・対処法　すごい
・いい気持ちじゃない　　　いやな　⟶アドバイス
・自信がなくなる　　　　みんな同じ思い　言えた
・発表したくなくなる　　同じ
　　　　　　　　　　　　生活の中に生かしていきたい。

COLUMN　　　　吃音・難聴合同グループ学習の意義

　吃音・難聴合同グループ学習で、子どもたちから以下のような発言がありました。

「ことばにつまっても最後まで待っててほしい」（吃音児）

「聞き取れなかった時はもう一度言うか、紙に書いて教えてほしい」（難聴児）

「補聴器をつければ私たちと同じように聞こえるのかと思ってた」（吃音児）

「吃音って繰り返すだけじゃなくて、つまることもあるんだ」（難聴児）

　→次ページに続きます

(2) 吃音カルタ

　オリジナルの吃音カルタ作りの過程を紹介します。カルタに自分の思いや考えを表すことで、吃音に対する考えが整理されていきます。また、友だちが考えた多様な読み札に触れる中で、吃音の捉え方は各人各様であることを知り、児童・保護者ともに考え方が変化するかもしれません。ここでは、吃音カルタ作りの過程として、大きく分けて以下の 3 つの学習内容を紹介します。実際の学習指導案や教材をもとにまとめます。

> ①　市販のカルタで吃音について考えよう
> ②　オリジナルの吃音カルタを作ろう
> ③　読み札から友だちの思いを想像しよう

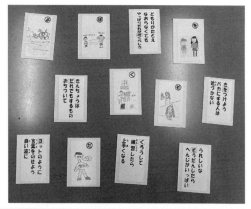

　→前ページの続きです

　このように、異なるグループ同士で関わる場を設けることで、合理的配慮を提供する側・される側の双方を体験することができ、「多様な人々と交流することのできる力」の育成にもつながるでしょう。この能力は、OECD（経済協力開発機構）の研究調査プロジェクトである DeSeCo でも提言されており、今後新しい社会に必要とされる能力として、他者との協同の中で知識や技能を実際に活用し、互恵的に学び合う方向へと学習スタイルの転換が求められています（北田，2009）。

北田佳子（2009）協同学習における異種混交グループの機能―成績・性別の多様な他者とのインターラクションに着目して―. 学校教育研究, 24, 112-125.

①　市販のカルタで吃音について考えよう

事前学習

◆　個別学習で市販の「学習・どもりカルタ」（日本吃音臨床研究会）で遊ぶ

◆　どもりカルタの中で「共感した読み札」「共感しなかった読み札」を分け、それらの理由をワークシートにまとめる。

高学年吃音理解学習（小集団）

吃音理解学習「吃音カルタ作り①」学習指導案（略案）

1．日時　　〇〇年5月9日（火）　16：15〜17：00

2．場所　　第〇指導室

3．目標　　・吃音について考え、自己理解を深める。

　　　　　　・話し合い活動を通して、他者理解を深める。

4．展開

時間	学習内容・活動	・指導上の留意点及び配慮事項　　◇評価
16:15	はじめの挨拶 ・本時のめあて ・学習内容を知る	・めあてと学習内容を伝え、学習の見通しをもてるようにする。
	めあて ・友だちの意見を聞いて、吃音について考えよう ・自分の考えや思ったことを話そう	
16:20	市販の吃音カルタについて ・共感した読み札 ・共感しなかった読み札	・市販のカルタの読み札の中で「共感した読み札」と「共感しなかった読み札」について話し合う。 ・「共感しなかった読み札」についても話題にあげることで、自分とは異なる考えがあることに気づけるようにする。 例：「わたしは〇〇という読み札に共感しました。理由は……です」 例：「ぼくは〇〇という読み札には共感できませんでした。理由は……です」 ・児童の発言を受けて、話を深めたり、広げたりしながら、他の友だちの発言を聞いて感じたことなどを話し合う。 ・児童の発言を適宜板書してまとめ、それぞれの考えを視覚的に整理して考えられるようにする。 ◇吃音について考えることができる。 ◇自分の考えや思ったことを話すことができる。

16:35	オリジナルの読み札作り ・読み札 ・理由 ・気づいたこと	・ペアで話し合いながら、自分たちで読み札を考えてみるように提案する。 例：「ぼくたちは○○という読み札を考えました。3年生の時に○○があったからです。2人とも同じ体験をしていたことがわかりました」 ・読み札が思い浮かばない時は、キーワードや体験から考えてみるように伝える。 ・吃音の捉え方は各人各様で正解や不正解はないことを伝える。 ◇吃音について考えることができる。
16:55	おわりの挨拶 ・本時の振り返り ・次回の予定	・本時の取組を称賛し、次時への意欲向上を図る。 ・次回は、個々で考えてきた読み札について話し合う予定であることを伝える。

②　オリジナルの吃音カルタを作ろう

事前学習

◆　個別学習で読み札を作る。

◆　読み札を考えた理由も記入する。

れ	理由		き	理由
んしゅうして はなすきんちょう ふっとばす	学年・名前　5年・くちねこ 自分が話すとき、練習のことを思い出してそれを自分の自信にしているから。 みんなの前で発表する時は「ゆっくり」言うことに気をつけている。	つおんが あることも含めて それが自分だ	学年・名前　6年・ふじびる 幼稚園のときからそうだから。吃音のことはダメとは思っていない。深く落ち込まず前向きに行動する。 まぁいっかの気持ちを持つのが大事！

◆　読み札の背景にあるエピソードや自分の考えなどを書きます。

◆　そうすると「わたしも同じ出来事があって同じように感じた」だけではなく、「ぼくも同じことあった」「でも○○くんはこう考えたんだ」など同じ出来事があっても人によって捉え方が異なることに気づけます。

吃音理解学習（小集団）

吃音理解学習「吃音カルタ作り②」学習指導案（略案）

1．日時　○○年10月9日（火）　16：15 ～ 17：00

2．場所　第○指導室

3．目標　・吃音について考え、自己理解を深める。

　　　　　　・話し合い活動を通して、他者理解を深める。

4．展開

時間	学習内容・活動	・指導上の留意点及び配慮事項　　◇評価
16:15	はじめの挨拶 ・本時のめあて ・学習内容を知る	・めあてと学習内容を伝え、学習の見通しをもてるようにする。
めあて ・友だちの意見を聞いて、吃音について考えよう ・自分の考えや思ったことを話そう		
16:20	自分が考えた読み札を発表する	・発表の際は、読み札の理由（エピソードや自分の考え）も話すようにする。 例：「ぼくは○○という読み札を作りました。理由は、ぼくがクラスのみんなに吃音のことを伝えたことで安心できたからです」 ・児童の発言を受けて、話しを深めたり、広げたりしながら、他の友だちの発言を聞いて感じたことなどを話し合うようにする。 ・児童の発言を適宜板書にまとめ、それぞれの考えを整理して考えられるようにする。 ◇吃音について考えることができる。 ◇自分の考えや思ったことを話すことができる。
16:40	吃音カルタ募集のビデオレターを作成する。	・○○小学校ことばの教室オリジナルの吃音カルタを作成することを提案し、吃音カルタ募集のビデオレターを撮る（児童から提案があった場合は児童の発言をもとに話を展開する）。 ・リハーサルを十分にしてからビデオ撮影をする。 ◇自分なりの話し方でセリフを読むことができる。
16:55	おわりの挨拶 ・本時の振り返り	・本時の取組を称賛し、意欲向上を図る。 ・カルタの読み札とともに、絵札や吃音カルタの名前なども募集し、吃音グループの仲間と協力してカルタを作っていくことを伝える。

ビデオレターの台本

（みんなで）みなさん　こんにちは！

グループリーダーの○○です。赤チームリーダーの○○です。

青チームリーダーの○○です。緑チームリーダーの○○です。

（みんなで）よろしくお願いします。

①吃音グループで○○小バージョンの吃音カルタを作ることになりました。

②ぼくたちもカルタの読み札や絵札を作ります。

③絵をかくのが難しい場合は読み札だけでもいいですよ。

④みなさんもぜひいっしょに考えてください。

⑤できた読み札や絵は先生にわたしてください。

⑥みんなで協力してオリジナルのカルタを作りましょう。

⑦吃音カルタの名前も募集するので考えてください。

（みんなで）どしどし応募してください。待ってます。

（みんなで）バイバーイ

読み札を募集してプレイルームに掲示する

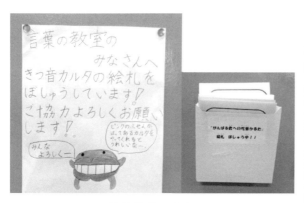

絵札募集の告知

タイトル募集

- がんばるきみへの応援カルタ
- 苦しかったらかい決しよう！
  みんなのきつ音出来事カルタ
- きつ音かい決！？カルタ
- ことばの教室カルタ
- みんなでがんばろう！
  きつ音カルタ

ことばの教室の卒業生が作成した吃音カルタは第3章（106-109 ページ）に載せて
います

③　読み札から友だちの思いを想像しよう

事前学習

◆　自分が作成した読み札をもとに、自分の思いや考えをワークシートに整理する。
　　（どんな時、その時の思いや考え、実際にしたこと）

◆　友だちが作成した読み札の中で共感した読み札に印をつける。

 自分の読み札から、自分の思いや考えを整理してみましょう。

	ありがとう「上手に言えたね」ほめ言葉	ひと文字の言葉を付ければすぐ言える	さいしょに「あ」付けると楽だやってみよ	つまったらゆっくり言えば大丈夫	あせらずにゆっくり言えばどもらない	れんしゅうして話すきんちょうふっとばす
どんな時	3 年生で授業の時に発表した時	学校の発表でつまった時	つまる時	・発表の時 ・日直の時 ・歌う時	学校などの発言や発表の時	4 年生の時
思いや考え	はじめはからかわれていたけれど、3 年生で初めて「上手に言えたね」と言われたので、うれしかった。	・発表でつまってしまうと、「皆の時間をとってしまう」ので悪いなと思う。・速く言わなくっちゃいけないと考えてしまう。	「あ」をつけて話してみたら、楽だった。	はじめ、ことばの先生と勉強していた時に、ゆっくりと言えば大丈夫だと思った。	・恥ずかしかったり、緊張したりするので発表や発言がきらい。・習った「ゆっくり言う」を忘れてしまうと、どもってしまうので、心がけている。	自分が話す時、れんしゅうのことを思い出し、それを自分の自信にしている。
したこと	「ありがとう」と言った。	・偶然、つまった言葉の前に「ん」をつけてみたら、スラスラ言葉が言えた。	「あ」をつけて話した。	頭の中に「ゆっくり」をやれば大丈夫だと思ってやってみた。	発表した後で、次にどうしたらよいか考えている。	みんなの前などで発表する時に、「ゆっくり」と言うことに気をつけている。
共感						

吃音理解学習「吃音カルタ作り③」学習指導案（略案）

1. **日時**　○○年 12 月 10 日（火）　16：15 ～ 17：00

2. **場所**　第○指導室

3. **目標**　・吃音について考え、自己理解を深める。

　　　　　・話し合い活動を通して、他者理解を深める。

4. **展開**

時間	学習内容・活動	・指導上の留意点及び配慮事項　　◇評価
16:15	はじめの挨拶 ・本時のめあて ・学習内容を知る	・めあてと学習内容を伝え、学習の見通しをもてるようにする。
	めあて ・友だちが考えた吃音カルタを読んで、友だちの思いを想像してみよう ・共感した読み札について、友だちと意見交換をしよう	
16:20	事前学習（93 ページ）で整理した内容を発表	・考え方に正解・不正解はないことを伝える。 ◇自分の思いや考えを伝えることができる。 ◇友だちの意見や考えを聞くことができる。
16:25	小グループで意見交換 ・共感した1枚を選ぶ ・どんなところに共感したか、自分だったらどうするかなどを考える	・教員がファシリテーターとして間に入り、児童の発言を促したり話の流れをまとめたりして、スムーズに意見交換できるようにする。 ◇友だちの思いを想像することができる。 ◇積極的に意見交換することができる。
16:50	全体の場で発表 ・ワークシートをもとに小グループで意見交換した内容について発表する	例：「A グループは「あせらずにゆっくり言えばどもらない」のカルタを選びました。共感したところは、緊張した時にゆっくり言えば楽に言えたことがあるからです。でも、自分だったら緊張すると焦ったり、セリフを忘れたりするので、緊張した時はゆっくり言うことを意識したいと思います」 ・発表内容を教員がホワイトボードにまとめ、情報を視覚的に整理できるようにする。 ◇友だちの意見や考えを聞くことができる。
16:55	おわりの挨拶 ・本時の振り返り	・本時の取組を称賛し、次時への意欲向上を図る。

高学年・吃音理解学習「吃音カルタ作り③」

名前（　　　　　　　　　　　）

> 今日の学習内容
> 1. ワークシート（93 ページ）にまとめた内容を発表する
> 2. 小グループで意見交換する
> 3. 全体の場で発表する

今日のめあて

① 　友だちが考えた吃音カルタを読んで、友だちの思いを想像してみよう
② 　共感した読み札について、友だちと意見交換をしよう

★小グループで選んだ読み札を書きましょう。

★読み札のどんなところに共感しましたか？

★自分だったら、どうしますか？

★意見交換をして気づいたこと

（3）悩み相談ポスト

　高学年児童が考案した「悩み相談ポスト」を活用した吃音理解学習を紹介します。吃音グループの友だち・先輩に自身の悩みを打ち明けることで、他の子も同様の経験をしていることや、同じ出来事があっても様々な受け止め方や対処法があることを知り、悩み・不安の軽減につながることが期待されます。また、相談を受ける先輩にとっても、自身の経験・行動・思考などを振り返ることで自己理解が深まり、人の役に立てたことを実感する中で自己有能感が高まるなど（石田・飯村，2021）、相談を受ける側の児童にとってもメリットがあると考えられます。

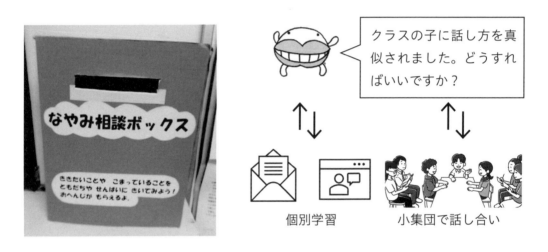

クラスの子に話し方を真似されました。どうすればいいですか？

個別学習　　　　小集団で話し合い

相談の手紙を送る

お返事もらえるとうれしいな

吃音グループのみなさんへ
わたしは「あ、い、う、え、お」がさいしょにつく言葉がなかなか言えないことがあります。
みなさんは言葉が言いにくい時どうしていますか？いい方法があったら教えてください。
　　　　　　　　3年2組　りんごちゃん

仲間からの手紙

りんごちゃんへ

つっかえそうになったら、ゆっくりやわらかく言ったり、力をぬいて息をそっと出しながら言ったりすると楽に言いやすいです。あとは気にせず話すのを楽しむことも大事だと思っています。いろんな方法があると思うからためしてみてね！

　6年1組　ふじびる

りんごちゃんへ

2〜3秒待つと言いやすいです。でもいつも思うのは言葉がつまってもあまり気にしないほうが楽だということです。前は気にしてたけど言葉が出にくいことになれちゃえば気にならなくなりました。気にせずおしゃべりを楽しもう！

　5年2組　くちねこ

りんごちゃんへ

お手紙を読みました。そんなに気にしなくてもいいと思います。つっかえてもりんごちゃんのことをみんな気にしてないと思います。ぼくからのアドバイスは、さいしょからさいごまでずっとゆっくり話すことです。たくさん練習すると自信もつきます！

　3年3組　くちな

お礼の手紙を送る

ありがとう！色々な
方法があるんだ〜

吃音グループのみなさんへ

そうだんにのってくれてありがとう。わたしはみんなの手紙を読んで色々な方法があることがわかりました。ことばの教室でゆっくり話す練習をして、友だちと話すのを楽しもうと思います！

3年2組　りんごちゃん

（4）吃音六面体

　第1章「2．吃音の心理」で解説した吃音の問題の大きさを表す六面体を活用した吃音理解学習を紹介します。「吃音の症状」「吃音に対する自分の反応」「吃音に対する周囲の反応」の3要素について、それぞれどのような対処法が考えられるかを小集団で話し合います。その際は、次ページ（上）の写真のように「楽に話すアイテム」「こころのサプリ」「まわりのサポート」など、3要素を小学生にも親しみやすい名称に置き換え、それぞれのアドバイスを考えます。第三者視点で俯瞰的に吃音問題を考えることで、「こうするとうまくいくかな」「こうしたらうまくいったな」「○○くんはこうしてたな」など多角的に考える力が養われ、メタ認知能力の育成にもつながることが期待されます。また、立体の一辺の長さは人によって異なるため、次ページ（下）の写真のように立体の形を変えた教材を作成し、吃音問題の大きさ・形を視覚的にイメージしやすいようにします。見える化することで「自分はどの立体に似ているのか」「入学時と現在で立体の大きさ・形はどう変わったか」など、自己理解・吃音理解が深まることも期待されます。

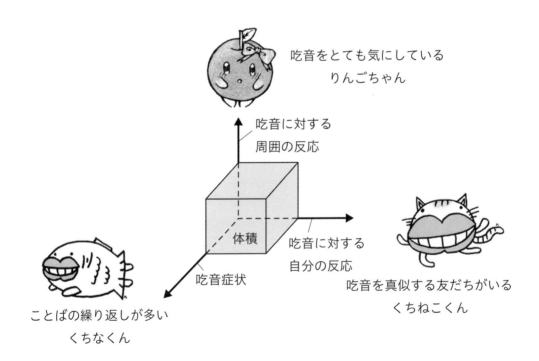

吃音をとても気にしている
りんごちゃん

吃音に対する
周囲の反応

体積

吃音に対する
自分の反応

吃音症状

吃音を真似する友だちがいる
くちねこくん

ことばの繰り返しが多い
くちなくん

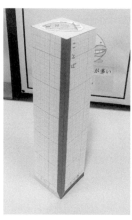

ことば　大
こころ　小
まわり　小

ことば　小
こころ　大
まわり　小

ことば　小
こころ　中
まわり　大

吃音理解学習（小集団）

吃音理解学習「吃音六面体」学習指導案（略案）

1．日時　　○○年2月16日（火）　16：15 ～ 17：00

2．場所　　第○指導室

3．対象　　高学年児童6名

4．目標　　・吃音について考え、自己理解を深める。

　　　　　　・話し合い活動を通して、他者理解を深める。

5．展開

時間	学習内容・活動	・指導上の留意点及び配慮事項　　◇評価
16:15	はじめの挨拶 ・本時のめあて ・学習内容を知る	・めあてと学習内容を伝え、学習の見通しをもてるようにする。
めあて ・楽に話すアイテム、こころのサプリ、まわりのサポートを考えよう ・自分の考えや思ったことを話そう		
16:20	小グループで意見交換 ・2人1組のペアになり3グループに分かれる ・各グループで話し合う ・アドバイスを付箋に書いて模造紙（99ページ）に貼る	・ことば班（楽に話すアイテム）、こころ班（こころのサプリ）、まわり班（まわりのサポート）の3グループに分かれ、ペアでアドバイスを考える。 楽に話すアイテムの例： 「ゆっくり」「やわらかい声」「間を空ける」など ・各グループに教員がファシリテーターとして入り、児童の発言を促したり話の流れをまとめたりして、スムーズに意見交換できるようにする。 ・ペアで練習をしてから発表に臨めるようにする。 ◇自分の考えや思ったことを話すことができる。 ◇積極的に意見交換することができる。
16:50	全体の場で発表 ・ワークシートをもとに小グループで意見交換した内容について発表する	例「こころ班では、3つのサプリを考えました。1つ目は「吃音のことをクラスの人に伝える」です。理由は、ぼくが伝えた時に気持ちが楽になったからです。2つ目は…、3つ目は…。これでこころ班の発表を終わりにします」 ・事後学習や低・中学年児童の個別学習でも使えるように、アドバイスをまとめた模造紙はプレイルームに掲示しておくようにする。 ◇友だちの意見や考えを聞くことができる。
16:55	おわりの挨拶 ・本時の振り返り	・本時の取組を称賛し、次時への意欲向上を図る。

第3章

教材・資料

● 新聞島ゲーム

これから新聞島ゲームをはじめます。

チームリーダー同士でじゃんけんをします。

負けたチームは担当の先生が島を1回折ります。

手をつないだり、おんぶしたりしてもいいです。

島の上に全員が乗れなくなったら終わりです。

準備をしている間は島の外に出ても大丈夫です。

審判はそれぞれの担当の先生がします。先生に

「アウト」と言われたら失格になります。

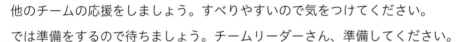

全員が島からおりて座ります。

他のチームの応援をしましょう。すべりやすいので気をつけてください。

では準備をするので待ちましょう。チームリーダーさん、準備してください。

（準備ができたら）では、はじめます。

（結果発表）

チームごとに座りましょう。結果を発表します。

2回目は□□チームが勝ちました。

優勝は○○チームです。

優勝した○○チームは前に出てきてください。

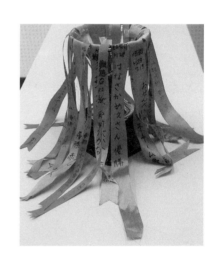

（トロフィーを渡す）おめでとうございます。

これで新聞島ゲームをおわりにします。

● 名刺交換ゲーム

これから名刺交換ゲームをはじめます。
ルールを説明します。
はじめに、ぼくがサイコロをふります。
サイコロがでた数の人で集まってください。
人数がそろったらかたまってすわってください。
もしそろわなかったら、集まった人数で
かたまってすわってください。
グループに入れてない人がいたら、名前を呼んでみんなで一緒にやりましょう。

大きなサイコロ

**チームカラー毎
の名刺入れ**

集まった人たちで、名刺を交換してください。
1 度カードを交換した人と、また一緒になった時は
カードを交換しなくていいです。
集まった人で名刺交換がおわったら
座ったまま手をあげてください。
交換がおわったら、もう一度サイコロをふります。
また、その数で集まり名刺交換をしてください。
できるだけたくさんの人と交換できるようにがんばってください。

なまえ　　ふじびる
くちびる小学校　6年
すきなこと　　サッカー
プール、スイッチのゲーム
ズッコケシリーズの本

（状況をみながら何度かサイコロをふる）

みなさん、名刺はたくさんあつまりましたか。
これで名刺交換ゲームをおわりにします。

**もらった名刺を
ポケットにしまう**

チームカラーの名刺入れ

※交換できなかった名刺は、事後学習で担当の教員を介して交換する。

● ピッチングスナイパー

これからピッチングスナイパーをはじめます。的に向かってボールをなげます。

的は全部で 8 つあります。三角の的は 10 点、四角の的は 30 点、まん中の丸の的は 50 点になります。1 人 3 回ずつなげます。

チームで合計得点を出して得点の高いチームが勝ちです。投げる位置は 1 年生から 3 年生は緑色の線から 4 年生から 6 年生はオレンジ色の線からなげます。なげる順番は、赤→青→緑チームの順にやります。高得点を目指してチームで協力して頑張ってください。

それでは、赤チームからはじめます。（順番に投げる）

（結果発表）102 ページの新聞島ゲームと同じ要領でトロフィーを渡す。

これでピッチングスナイパーをおわりにします。

● ねらってぽん

＊第 2 章では触れていませんが、アイデアの 1 つとして載せています

これからねらってぽんをはじめます。

線からお手玉を投げます。

四角の枠ごとに 10 点、20 点、30 点、真ん中の円に入ると 50 点になります。

1 人 3 回ずつ投げます。チームで合計得点を出して得点の高いチームが勝ちです。

投げる順番は緑→青→赤チームの順です。

高得点を目指してチームで協力して頑張ってください。

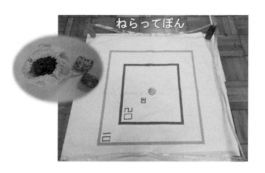

（結果発表）102 ページの新聞島ゲームと同じ要領でトロフィーを渡す。

これでねらってぽんをおわりにします。

● コントコーナー

(A・B) ♪ティーティティ　ティーティーティティー（くりかえし）

(T ポーズでドアからにゅうじょうする)（B くんはわきの穴をかくしながら登場）

(B) どうもー！ T&T きょうだいだよ！

　　きょうは、ことばの教室（きょうしつ）にある「T」をさがすよ。

(A) T～！（B くんをみる）　B くん、「T」になってないよ！

　　ちゃんと　てを　あげて！（手をあげさせようとする）

(B) (A くんに言われたらしかたない……ふっきれて手をあげる)

　　T―！！！！！

(A) あなが　あいてるー！！

(B) ハクション！

　　やっぱり穴のあいた T シャツはひえるなあ。

　　(寒そうに腕をさする)

(A) はなみず出てるよ。（箱ティッシュを柱のかげから取り出す）

　　ティッシュどうぞ。（B くんにティッシュを渡す）

(B) ありがとう…（ふたりで　ティッシュの箱をワサワサして T 字をつくって）

(A・B) T―！！！！！

(A) ねえ、今日は　なんの会だっけ？

(B) 6 年生を送る会。

(A) せっかくだからさ、6 年生もいっしょに最後にあれをやろう！

(B) みんなで 6 年生をよぼう！　せーの、○○さーん、△△さーん、□□さーん

　　（6 年生 3 人を間に挟んで、両脇の A くん、B くんがうでをのばして T ポーズ）

(A) せーの

(全員) T―！！！　（みんな、はくしゅ）

(B) せーの

(全員) ♪ティーティティ　ティーティーティティー

　　(うたいながら　たいじょうする。)（おきゃくさん、はくしゅ）

● 付録　吃音カルタ

あ ありがとう 勇気をもらった 教室へ	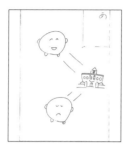	が がんばろう 信じて進めば みえてくる	
い いい笑顔 楽しくなるほど 出てくるね		き きょうこそは 最初の一歩を ふみ出そう	
う うんうん そうね分かるよ その気持ち		く くいっこう 頑張る先に ある光	
え ええやんけ きみの吃音 個性だよ		け けっとばせ 自分の壁は 自分でね	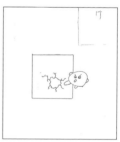
お おおすごい それは発見 大発見		こ こんなんな ことをするほど いい気持ち	

さ
さあやろう
嫌なことから
はじめよう

た
たまにはね
失敗するのも
大事だよ

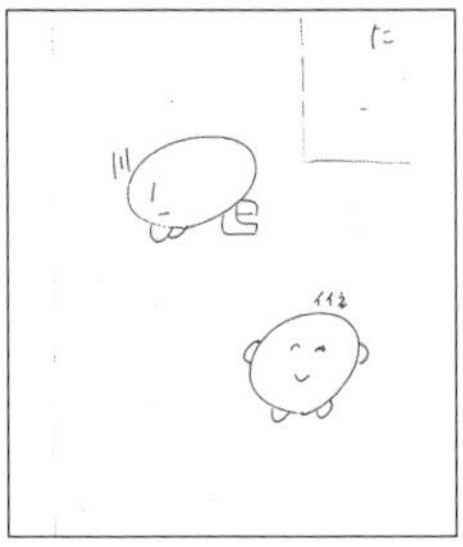

し
しってるよ
君はいつでも
頑張れる

チーム
チーム力
力を合わせて
ワンフォーオール

す
すごいよね
君の才能
ピカイチだ

つ
つっこみで
どもってしまい
逆ボケだ

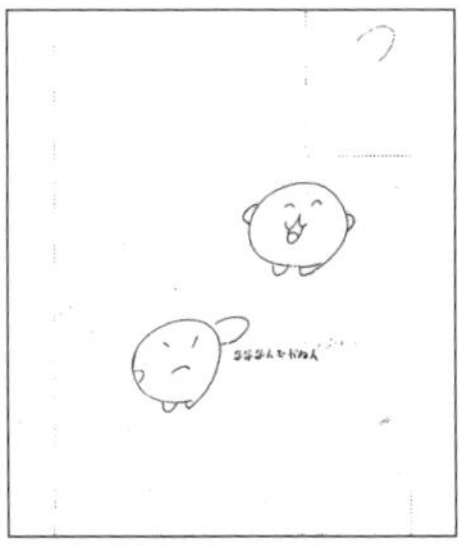

せ
せんせいは
困ったときの
道しるべ

手
手を差し出そう
困っている人には
宝物

そ
そうぞうだ
自分のかがやく
瞬間を

ど
どもっても
支えてくれて
ありがとう

なぜだろう
リズムにのると
どもらない

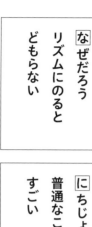

はきながら
ゆっくりいえば
ほらいえた

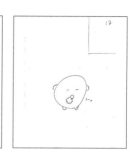

にちじょうで
普通なことは
すごい

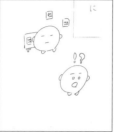

ひらこうよ
自分の心を
一つずつ

ぬりかえろ
きんちょうを
経験に

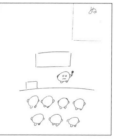

ふっとばせ
逃げる気持ちを
ふっとばせ

ねるひまを
おしんで頑張れ
練習を

へいきだよ
君の後を
支えるよ

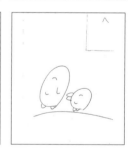

のびのびと
自分らしさを
磨こうよ

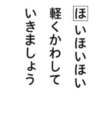

ほいほいほい
軽くかわして
いきましょう

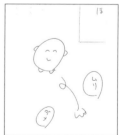

わ　わすれるな
君の後には
友達がいる

ら　らくにいこうよ
楽しもう

や　やっぱりね
君の心は
やさしいよ

ま　まいっか
失敗したときは
思い出せ

わ

り　りかいしよう
自分の吃音と
向き合おう

や

み　みましょうよ
自分の長所
みましょうよ

を　を!?
すごいことを
思いつくね

る　るびーより
みがけ自分の心

ゆ　ゆかいだな
明るい日々の
始まりだ

むりするな
自分のペースで
頑張ろう

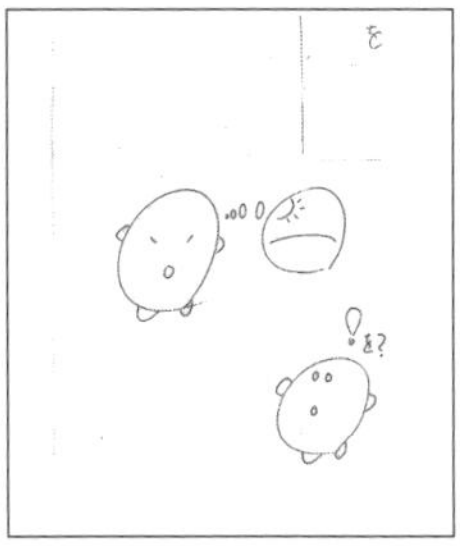

る

れ　れもん味
ちょっとすっぱい
ぼくの心

ゆ

め　めげないで
苦しいときほど
一歩ずつ

ん　ん?
プレッシャーから
逃げてない?

ろ　ろかしよう
汚い心を
清潔に

ヨ　ヨットのように
言葉をのせよう
良い波に

も　もう一度
進んでみよう
自分の道

おわりに

　本書はさいたま市のことばの教室で長年行われてきた実践を書籍化したもので、歴代の先生方の教育実践の基盤があったからこそ、本書を完成させることができました。本書では紹介しきれない実践やエピソードも数多くありますが、本書の執筆にあたり、実践に関わった先生方にこの場を借りて感謝申し上げます。

　卒業生の松本昂さんは第3章の吃音カルタを作成してくれました。研究室に飾ってある吃音カルタから日々の活力を得ています。卒業生の中島蒼太さんは「くちびるくん」を考えてくれました。卒業後もことばの教室のマスコットキャラクターとして皆に愛されています。この他にも、第2章の6年生を送る会のメッセージや事例紹介などの掲載許可をいただいた保護者様、子どもたちに深く感謝いたします。

　ことばの教室で出会った子どもたちの笑顔、6年生を送る会での涙、保護者の方々との雑談を交えたやりとり、先生方とのチームワークなど、一つひとつの思い出が私にとってかけがえのない財産となりました。今後、卒業生がつないでくれたバトンを全国のことばの教室で展開していただき、吃音グループ学習の益々の発展を願っています。

石田　修

　私自身にはことばの教室での勤務経験はありませんが、約10年前に当時は1人の吃音当事者として、ことばの教室の子どもたちに出会いました（18ページ）。交流後に、良かったという多くの声を聞いて、吃音のある大人の姿が1つのモデルケースとして役に立てたのかなと思うと同時に、子どもたちが共に相談したり、励ましあうピアの姿がどれほど有意義なことなのかと、心理支援の重要性を考えるようになりました。そのようなことを考えるうちに石田先生とも意気投合して、企画の話が進んでいきました。企画を快く受けてくださった学苑社の杉本哲也社長には深く感謝いたします。

　特に中高生以上の吃音臨床の中で、その人たちの心理的成熟や吃音の理解受容が進んでいく様子をみてきました。小学生の頃の経験はやはり重要で、その時の経験が頭から離れず、トラウマのように感じることも少なくないと思います。そのような信念を固定化させないためにも、学齢期からの心理支援として、吃音は悪いものではないとか、同じ仲間がたくさんいることを1人でも多くの吃音で悩んでいる子どもに知ってほしいと思っています。本書がグループ学習の実践に活かされることを祈っています。

飯村　大智

文献

第 1 章

Boey RA, Van de Heyning PH, Wuyts FL et al. (2009) Awareness and reactions of young stuttering children aged 2–7 years old towards their speech disfluency. *J Commun Disord*, 42, 334–346.

Boyle MP & Gabel R (2020) Toward a better understanding of the process of disclosure events among people who stutter. *J Fluency Disord*, 63, 105746.

飯村大智 (2015) ことばの教室に通う吃音児と若年吃音者の交流の実践報告. 第 41 回日本コミュニケーション障害学会学術講演会, 福岡.

飯村大智 (2019) 吃音と就職：先輩から学ぶ上手く働くコツ. 学苑社, 東京.

Iimura D, Ishida O, Takahashi S et al. (2021) A questionnaire survey about support requests from school-aged children and adolescents who stutter. *Lang Speech Hear Serv Sch*, 52, 717–727.

Iverach L & Rapee RM (2014) Social anxiety disorder and stuttering: Current status and future directions. *J Fluency Disord*, 40, 69–82.

Johnson W & Moeller D (Eds.) (1967) *Speech handicapped school children* (3rd ed.). Harper and Row, New York.

川上浩二 (2011) 不便から生まれるデザイン：工学に活かす常識を超えた発想. 化学同人, 東京.

小林宏明 (2009) 学齢期の吃音の指導・支援：ICF に基づいた評価プログラム. 学苑社, 東京.

熊谷晋一郎 (2012) 自立は、依存先を増やすこと希望は、絶望を分かち合うこと. TOKYO 人権, 56.

村瀬忍 (2022) 言語障害通級指導教室における吃音児のグループに関する実態調査. 特殊教育学研究, 60, 13–22.

中村勝則 (2012) 吃音のある児童のグループ指導を巡って (1) 視点の設定. 広島大学大学院教育学研究科附属特別支援教育実践センター研究紀要, 10, 33–39.

中村勝則 (2013) 吃音のある児童のグループ指導を巡って (2) 指導案と実践の場. 広島大学大学院教育学研究科附属特別支援教育実践センター研究紀要, 11, 81–90.

小澤恵美・原由紀・鈴木夏枝ら (2016) 吃音検査法第 2 版. 学苑社, 東京.

Sheehan JG (1970) *Stuttering: Research and therapy*. Harper and Row, New York.

第 2 章

Andrews G, Craig A, Feyer AM et al. (1983) Stuttering: a review of research findings and theories circa 1982. *J Speech Hear Disorde* 48, 226–246.

石田修 (2020) 発話の流暢性とその障害に関する認知神経科学的研究. 筑波大学, 博士論文.

石田修・飯村大智 (2021) ことばの教室に通級する重度吃音児 1 例に対する多面的・包括的アプローチの実践. 音声言語医学, 62 (4), 334–343.

ことばの臨床教育研究会 (2005) どもるってどんなこと. NPO 法人全国言友会連絡協議会.

文部科学省 (2009) 子どもの徳育に関する懇談会「子どもの徳育の充実に向けた在り方について（報告）」. https://www.mext.go.jp/b_menu/shingi/chousa/shotou/053/index.htm (2023-4-6 閲覧)

文部科学省 (2016) 幼稚園, 小学校, 中学校, 高等学校及び特別支援学校の学習指導要領等の改善及び必要な方策等について. https://www.mext.go.jp/b_menu/shingi/chukyo/chukyo0/toushin/1380731.htm (2023-4-6 閲覧)

文部科学省 (2021) 学習指導要領の趣旨の実現に向けた個別最適な学びと協働的な学びの一体的な充実に関する参考資料. https://www.mext.go.jp/content/210330-mxt_kyoiku01-000013731_09.pdf (2023-4-6 閲覧)

大須賀隆子 (2016) 児童期の認知発達と心理発達の特徴と支援について. 帝京科学大学教職指導研究, 1, 161–167.

Richard R & Trzesniewski K (2005) Self-esteem development across the lifespan. *Curr Dir Psychol Sci*, 14, 58–162.

著者紹介

石田　修（いしだ・おさむ）

博士（障害科学）。臨床発達心理士。明治大学農学部卒、筑波大学大学院人間総合科学研究科博士後期課程修了。さいたま市立ひまわり特別支援学校、さいたま市立仲本小学校ことばの教室を経て、現在は茨城大学教育学部助教。2020年より日本吃音・流暢性障害学会 クラタリング検討ワーキンググループ委員。言語障害や重度・重複障害を中心に特別支援教育領域の研究・臨床・教育に携わる。著書として『発達障害・知的障害「自立活動」の授業づくり　指導課題・教材開発・指導案づくり』（明治図書、分担）がある。

飯村　大智（いいむら・だいち）

博士（障害科学）。言語聴覚士・公認心理師。京都大学総合人間学部卒、筑波大学大学院人間総合科学研究科博士後期課程修了。富家病院リハビリテーション室、日本学術振興会特別研究員DC2、川崎医療福祉大学リハビリテーション学部言語聴覚療法学科助教を経て、2023年より筑波大学人間系助教。2019年より日本吃音・流暢性障害学会広報委員長。吃音を中心に音声・言語障害領域の研究・臨床・教育に携わる。著書として『吃音と就職：先輩から学ぶ上手に働くコツ』（学苑社、単著）、翻訳書として『クラタリング［早口言語症］：特徴・診断・治療の最新知見』（学苑社、分担訳）がある。

イラスト　おかP
装　　丁　有泉武己

協　　力　なかた

ことばの教室でできる
吃音のグループ学習実践ガイド　©2023

2023年7月20日　初版第1刷発行

著　者　石田　修・飯村大智
発行者　杉本哲也
発行所　株式会社　学苑社
東京都千代田区富士見2-10-2
電話　　03（3263）3817
FAX　　03（3263）2410
振替　　00100-7-177379
印刷・製本　藤原印刷株式会社

検印省略

乱丁落丁はお取り替えいたします。
定価はカバーに表示してあります。

ISBN978-4-7614-0847-3　C3037